하나님을 알아가기

하나님을 알아가기

1판 인쇄일 2019년 2월 27일
1쇄 발행일 2019년 3월 3일

지은이 _ 한광락
펴낸이 _ 한치호
펴낸곳 _ 종려가지
등   록 _ 제311-2014000013호(2014. 3. 21)
주   소 _ 서울특별시 은평구 은평로 14길 9-5
전   화 _ 02. 359. 9657
디자인 _ 표지 이순옥/ 내지 구본일
제작대행 세줄기획(02,2265,3749)
영업(총판) 일오삼(민태근)
전   화_ 02. 964.6993 팩스 2208.0153

값 7,000 원

ISBN 979- 11- 87200-59- 8 03230

ⓒ 2019, 한광락

잘못 만들어진 책은 구입하신 서점에서 바꾸어 드립니다.
책의 주문 및 영업에 대한 문의는 영업대행으로 해주십시오.
문서사역에 대한 질문은 010. 3738. 5307로 해주십시오

이 도서의 국립중앙도서관 출판예정도서목록(CIP)은 서지정보유통지원시스템
홈페이지(http://seoji.nl.go.kr)와 국가자료종합목록시스템(http://www.nl.go.
kr/kolisnet)에서 이용하실 수 있습니다.(CIP제어번호 : CIP2019005398)

찬송과 말씀

하나님을 알아가기

한광락 목사

문서시역
종려가지

추천의 글

권기호 목사(부산 북성교회 원로)

한광락 목사는 우리 중부산노회 북부시찰 경내에서 수십 년을 같이 목회한 후배 목사요 동역자입니다. 그는 성품이 온유하고 겸손하여 동역자들 사이에서도 신망이 두터운 목사로 인정을 받아 왔습니다.

한 목사는 불신 가정에서 7남매 중 2남으로 태어나 자라는 중 맹장염으로 어려움을 당했을 때에 하나님을 찾게 되어 사역자의 길을 걷게 되었습니다. 그러나 불신 부모의 핍박과 반대가 심했습니다.

부친은 칼을 가지고 교회까지 와서 위협할 정도로 박해가 심했지만, 하나님께서 그에게 암을 통하여 회개하게 하시고, 드디어 예수를 믿게 하셨습니다. 암으로 병원에 입원하여 고생을 할 때, "하나님이 병원에서 나가게 해주시면, 교회에 나가겠다고 약속을 했는데" 하나님이 도와주셔서 퇴원을 하고, 대구 만촌교회에 나가서 1년 반을 다니다가 하나님의 부름을 받고 하늘나라로 갔습니다.

이러한 환경에서 성장하게 된 한 목사는 하나님이 특별히 택하여 훈련을 시켜서 세우신 목사로 보여 집니다. 부산 광성교회를 개척하여 30여년을 섬기며 헌신을 하다가 은퇴를 하고 나서 귀한 책을 내게 되었습니다.

이 책은 한 목사가 평생을 목회하면서 특별히 은혜 받은 말씀과 찬송을 골라서 모은 말씀의 진수요 보고라고 하겠습니다. 천지 만물을 말씀으로 창조하시고 역사를 지배하시며, 인간의 운명과 생사화복을 주장하시는 여호와 하나님의 섭리와 능력을 소개하고 있습니다.

그리고 그 하나님의 능력으로 세상에 오신 예수 그리스도를 증거 합니다. 병든 자를 고치시며, 앉은뱅이를 일으켜 세우시며, 죄인들을 구원하시는 주님의 사랑과 능력을 설명하며 보여주고 있습니다.

죄인을 사랑하시며 구원하시는 주님의 명령을 받은 사도 바울은 세계 만방에 다니면서 생명을 걸고 복음을 전했습니다.
"유대인들에게 사십에 하나 감한 매를 다섯 번 맞았으며 세 번 태장으로 맞고 한 번 돌로 맞고 세 번 파선하고 일주야를 깊은 바다위에서 지냈으며 여러 번 여행하면서 강의 위험과 강도의 위험과 동족의 위험과 이방인의 위험과 시내의 위험과 광야의 위험과 바다의 위험과 거짓 형제중의 위험을 당했습니다."(고후 11장 24절-26절)

전능하신 여호와 하나님의 능력과 우리를 구원하신 예수 그리스도의 이적의 역사를 소개하며 보여준 이 책을 읽는 모든 분들이 크신 은혜와 기적을 체험하시기를 바랍니다.

단국대학교 문리대사학과 졸업
총회신학대학원 졸업
연세대학교 신학대학원 상담학 연구
부산신학교 교수 역임
부산목사원로회 회장 역임
중부산노회 노회장 역임

차 례

추천의 글 / 권기호 목사 - 4

1. 진리의 하나님 / 요 14:6 - 9
2. 생명의 하나님 / 시 27:1 - 12
3. 구원의 하나님 / 시 18:46 - 15
4. 사랑의 하나님 / 요 3:16 - 18
5. 평강의 하나님 / 삿 6:23 - 21
6. 은혜의 하나님 / 렘 32:18 - 24
7. 자비하신 하나님 / 신 4:31 - 27
8. 영광의 하나님 / 시 24:10 - 31
9. 위로의 하나님 / 롬 15:5 - 34
10. 소망의 하나님 / 시 71:5 - 37
11. 예비(준비)의 하나님 / 창 22:14 - 40
12. 도움의 하나님 / 삼상 7:12 - 44
13. 치료의 하나님 / 막 6:56 - 48
14. 반석의 하나님 / 시 18:2 - 51
15. 찬송의 하나님 / 렘 17:14 - 55
16. 의의 하나님 / 시 145:7 - 59
17. 능력의 하나님 / 신 9:29 - 63
18. 복의 하나님 / 창 1:28 - 67
19. 만왕의 왕이신 하나님 / 시 72:11 - 70
20. 승리의 하나님 / 대상 18:6 - 74
21. 거룩의 하나님 / 레 11:44 - 77

22. 말씀의 하나님 / 시 119:160 – **81**
23. 선의 하나님 / 시 23:6 – **85**
24. 피난처이신 하나님 / 시 14:6 – **88**
25. 의지의 하나님 / 시 25:2 – **91**
26. 형통의 하나님 / 창 39:3 – **95**
27. 부요의 하나님 / 고후 6;10 – **99**
28. 전지전능의 하나님 / 창 17:1 – **103**
29. 창조의 하나님 / 창 5:2 – **107**
30. 예정의 하나님 / 엡 1:11 – **111**
31. 기적의 하나님 / 대상 16:24 – **114**
32. 심판의 하나님 / 롬 14:10 – **119**
33. 안식의 하나님 / 창 2:2 – **123**
34. 무소불능의 하나님 / 욥 42:2 – **128**
35. 긍휼의 하나님 / 대상 21:13 – **132**
36. 언약의 하나님 / 신 29:12 – **136**
37. 만족의 하나님 / 고후 3:5 – **139**
38. 자유의 하나님 / 눅 4:18 – **143**
39. 미쁘신 하나님 / 고전 10:13 – **149**
40. 기쁨의 하나님 / 시 16:11 – **153**
41. 용서의 하나님 / 시 65:3 – **157**

- 이 책에서 인용된 성경본문은 아가페 쉬운성경(2003년, 1판 10쇄)에서 발췌하였습니다.
- 이 책에 있는 내용 중에 주제나 또는 참고로 인용된 부분은 「은혜목회정보」(목회와 큰백과)에서 가져왔습니다.

1. 진리의 하나님

♥ 요 14:6, 예수께서 이르시되 내가 곧 길이요 진리요 생명이니 나로 말미암지 않고는 아버지께로 올 자가 없느니라

♪ 어두운 내 눈 밝히사 366장

1. 어두운 내 눈 밝히사 진리를 보게 하소서
   진리의 열쇠 내게 주사 참빛을 찾게 하소서
   깊으신 뜻을 알고자 엎드려 기다리오니
   내 눈을 뜨게 하소서 성령이여
2. 막혀진 내 귀 여시사 주님의 귀한 음성을
   이 귀로 밝히 들을 때에 내 기쁨 한량없겠네
   깊으신 뜻을 알고자 엎드려 기다리오니
   내 귀를 열어주소서 성령이여
3. 봉해진 내 입 여시사 복음을 널리 전하고
   차가운 내 맘 녹여주사 사랑을 하게 하소서
   깊으신 뜻을 알고자 엎드려 기다리오니
   내 입을 열어주소서 성령이여

요 14:6, 예수께서 이르시되 내가 곧 길이요 진리요 생명이니 나로 말미암지 않고는 아버지께로 올 자가 없느니라.
시 119:142, 주의 의는 영원한 의요 주의 율법은 진리로소이다
시 31:5, 내가 나의 영을 주의 손에 부탁하나이다 진리의 하나님 여호와여 나를 속량하셨나이다.

=요 18:33-38 <예수님이 빌라도 앞에 서시다>

:33 빌라도는 다시 관저로 들어갔습니다. 그리고 그 안으로 예수님을 불러들여 예수님께 물었습니다.

"당신이 유대인의 왕이요?"

예수님께서 말씀하셨습니다.

"이것은 네 스스로 하는 말이냐 아니면 다른 사람들이 나에 관하여 네게 한 말이냐?"

빌라도가 대답했습니다.

"나는 유대인이 아니요. 당신의 민족과 대제사장들이 당신을 나에게 넘겼소. 당신은 무슨 짓을 행했소?"

:36 예수님께서 대답하셨습니다.

"내 나라는 이 세상에 속하지 않았다. 만일 내 나라가 이 세상에 속한 나라였다면 내 종들이 싸워서 내가 유대인들에게 잡히지 않게 했을 것이다. 이제 내 나라는 이 땅에 속한 것이 아니다."

빌라도가 말했습니다.

"그렇다면 당신이 왕이란 말이요?"

예수님께서 대답하셨습니다.

"너는 나에게 왕이라고 바르게 말하는구나. 사실 나는 이것을 위하여 태어났으며 이것을 위해 세상에 왔다. 나는 진리에 대해 증언하려고 왔다. 진리에 속한 사람은 내 말을 듣는다."

:38 "진리가 무엇이오?"

빌라도가 물었습니다. 이 말을 하고 빌라도는 관저에서 나와 유대인들에게로 가서 말하였습니다.

"나는 이 사람에게서 아무 죄도 찾지 못하였소."

진리의 하나님 요 15:6

　진리가 무엇인가? 누구나 다 생각해야 하는데 사는 그대로 대부분의 사람들은 가고 있습니다. 나의 혼적 육적 그대로 사니 나는 어떤가요? 하는 일이 잘 되어 나가면 그 뜻한대로 삽니다.
　내 모든 계획대로 형통하면 성공이요 불통이면 실패로 알고, 보고, 말하는 것입니다. 이것이 삶의 잣대가 되어 있습니다.
　언제, 어느 시대나 그랬다면 하나님에 대한 말씀이 나오겠습니까?
　그래서 예수님께서 "나는 길이요 진리요 생명이다"라고 말씀하신 것입니다.

=예수님이 진리의 길입니다.
　첫 길을 생각하시고, 회개하라 말씀하신 것입니다. 진실의 길을 말씀하시는데 인생들아 바꾸어라 하신 것입니다.
　첫째로 해야 할 것이 회개하는 것입니다. 지금까지의 생각에서 이제 방향을 바꾸는 것입니다. 그러면 진리가 보이고, 가게 됩니다.

=예수님이 바로 진리입니다.
　사람을 지으신 하나님의 말씀이 진리입니다. 어린아이가 부모의 길로 인도로 양육으로 건강히 살고 크는 것처럼 예수님이 길을 여시고 진리의 길을 말씀하신 것입니다. 진리의 예수님을 믿으시기 바랍니다.

=예수님이 진리의 생명이십니다.
　오직 우리를 창조하셨기 때문입니다 학교에 선생이 없이 되어 갈 수 없듯이 우리는 홀로 아니고, 하나님의 생명으로 살아가고, 성경을 통하여 진리의 길로 걷고, 달리고, 또 올라갈 수 있습니다.

2. 생명의 하나님

♥ 시편 27:1, 여호와는 내 생명의 능력이시니 내가 누구를 무서워 하리요

♪ **예수는 나의 힘이요** 93장

1. 예수는 나의 힘이요 내 생명 되시니
   구주 예수 떠나 살면 죄중에 빠지리
   눈물이 앞을 가리고 내 맘에 근심 쌓일 때
   위로하고 힘주실 이 주 예수
2. 예수는 나의 힘이요 내 친구되시니
   그 은혜를 간구하면 풍성히 받으리
   햇빛과 비를 주시니 추수할 곡식 많도다
   귀한 열매 주시는 이 주 예수
3. 예수는 나의 힘이요 내 기쁨 되시니
   그 명령을 준행하여 늘 충성하겠네
   주야로 보호하시며 바른길 가게 하시니
   의지하고 따라갈 이 주 예수
4. 예수는 나의 힘이요 내 소망 되시니
   이 세상을 떠나갈 때 곧 영생 얻으리
   한없는 복을 주시고 영원한 기쁨 되시니
   나의 생명 나의 기쁨 주 예수

시 36:9, 진실로 생명의 원천이 주께 있사오니 주의 빛 안에서 우리가 빛을 보리이다.

행 3:14-15, 너희가 거룩하고 의로운 이를 거부하고 도리어 살인한 사람을 놓아 주기를 구하여 생명의 주를 죽였도다 그러나 하나님이 죽은 자 가운데서 그를 살리셨으니 우리가 이 일에 증인이라.

=마 6:25-26 〈목숨(생명)이 더욱 귀하다〉

:25 그러므로 내가 너희에게 말한다. 너희 목숨을 위하여 무엇을 먹을까 또는 무엇을 마실까 걱정하지 말라 몸을 위하여 무엇을 입을까 염려하지 마라 목숨이 음식보다 훨씬 소중하지 않느냐 몸이 옷보다 훨씬 소중하지 않느냐
:26 하늘에 있는 새를 보아라 새는 심지도 않고 거두지도 않고 창고에 쌓아 두지도 않는다. 그러나 하늘에 계신 너희 아버지께서 새들을 먹이신다. 너희는 새보다 훨씬 더 귀하지 않느냐

=마 16:26 〈온 천하보다도 더욱 귀하다〉

만일 어떤 사람이 온 세상을 얻고도 자기 영혼을 잃으면 무슨 소용이 있겠느냐? 사람이 무엇과 자기 영혼을 바꿀수 있겠느냐

=시 90:3 〈범죄 후 생명은 흙으로 돌아가는〉

:3 주께서 사람들을 흙으로 되돌아가게 하시면서 말씀하십니다.
"사람아 흙으로 돌아가거라."
주께서 죽음의 잠으로 휩쓸어 가시면 사람은 아침에 돋아나는 풀과 같습니다.
:10 우리의 수명은 칠십년 힘이 있으면 팔십 년이지만 인생은 고생과 슬픔으로 가득 차 있습니다. 날아가듯 인생은 빨리 지나갑니다.

생명의 하나님 시 27:1

=생명에 대한 주님의 관심
- 마 6:25, 목숨이 음식보다, 의복보다 중하다.
- 마 10:31, 너희는 많은 참새보다 귀하다.(눅 9:25)
- 마 16:26, 온 천하를 얻고도 제 목숨을 잃으면

=생명에 대한 성도의 태도
- 욥 2:4-10, 생명에 대한 고난을 받아들임
- 시 63:3,4, 평생 하나님을 찬양함
- 마 10:39, 그리스도를 위해 생명을 포기
- 눅 12:4, 생명을 죽이는 자를 두려워 아니함
- 행 20:24, 사명의 완수를 위해 생명을 귀하게 여기지 않음
- 약 4:13-15, 하나님의 주권 아래 있음

=생명의 주되신 그리스도
- 요 1:4, 빛 되신 생명
- 요 10:10, 풍성한 생명
- 요 11:25, 죽은 자를 위한 생명
- 요 14:6, 길, 진리, 생명
- 롬 5:21, 영원한 생명
- 요일 5:12, 유일한 생명의 근원

=영혼의 생명을 얻을 수 있는 길
- 신 8:3, 하나님의 말씀으로 유지됨
- 요 5:24, 믿음으로 획득함
- 고후 4:11, 죄와 자신을 죽임
- 요일 3:14, 생명의 증거인 사랑

📖 3. 구원의 하나님

> ♥ 시편 18:46, 여호와는 살아 계시니 나의 반석을 찬송하며 내 구원의 하나님을 높일지로다

♩ 구주 예수 의지함이 542장

1. 구주 예수 의지함이 심히 기쁜 일일세
   영생 허락받았으니 의심 아주 없도다
2. 구주 예수 의지함이 심히 기쁜 일일세
   주를 믿는 나의 마음 그의 피에 적시네
3. 구주 예수 의지하여 죄악 벗어 버리네
   안위 받고 영생함을 주께 모두 얻었네
4. 구주 예수 의지하여 구원함을 얻었네
   영원무궁 지나도록 주여 함께 하소서

후렴) 예수 예수 믿는 것은 받은 증거 많도다
   예수 예수 귀한 예수 믿음 더욱 주소서. 아멘

대상 16:35, 너희는 이르기를 우리 구원의 하나님이여 우리를 구원하여 만국 가운데에서 건져내시고 모으사 우리로 주의 거룩한 이름을 감사하며 주의 영광을 드높이게 하소서 할지어다.

살전 5:9, 하나님이 우리를 세우심은 노하심에 이르게 하심이 아니요 오직 우리 주 예수 그리스도로 말미암아 구원을 받게 하심이라.

=창 50:18- 〈요셉의 형들이 보복에 겁이나서 말했으나 위로받음〉

:18 요셉의 형들이 요셉을 찾아와서 요셉에게 절을 하며 말했습니다.
"우리는 아우님의 종입니다."
그 말을 듣고 요셉이 형들에게 말했습니다.
"두려워 마십시오. 하나님만이 하실 수 있는 일을 내가 어떻게 하겠습니까? 형님들은 나를 해치려 했지만 하나님께서는 악을 선으로 바꾸셨습니다.
그래서 오히려 많은 사람들의 생명을 구할 수 있었습니다 … " 이처럼 요셉은 형들을 안심시키고 형들에게 따뜻한 말을 해주었습니다.

=눅 23:39-43 〈이 땅에서 예수님께 마지막 신앙으로 구원된 사람〉

예수님과 함께 십자가에 달린 죄수들 가운데 하나가 예수님을 욕하며 말했습니다.
"네가 그리스도가 아니냐 네 자신과 우리를 구원하여라."
그러나 다른 죄수가 그를 꾸짖으며 말했습니다.
"너도 같은 벌을 받았으면서 하나님을 두려워하지 않느냐? 우리는 우리가 저지른 일 때문에 마땅한 벌을 받는 것이지만 이분은 아무런 잘못을 행한 적이 없으시다."
그리고 예수님께 말했습니다.
"예수님, 주께서 주님의 나라에 들어가실 때 저를 기억해 주십시오."
예수님께서 그에게 말씀하셨습니다.
"내가 진정으로 네게 말한다. 오늘 네가 나와 함께 낙원에 있을 것이다."

구원의 하나님 시 18:46

　세상에서 가장 값진 것이 있다면 구원입니다. 구함 받는, 구출을 받는, 죽다가 살아난 경험일 것입니다. 진리의 하나님, 생명의 하나님은 구원의 하나님이십니다.
　그러므로 전도의 요점 전함도 '예수 믿고 구원 받으십시다' 라고 하며 전합니다. 보시라고, 아시라고, 믿으시라고, 영복을 누리시라고 합니다. 세상의 그 어떠한 무엇보다도 구원 받는 것만은 양보해서는 안 됩니다. 떠나서는 안 됩니다. 무시해서도 안 됩니다.
　하나님을 높일 최고는 구원 때문입니다. 예수님을 높일 최고도 십자가에서 피 흘려 모든 죄사해 주신 구원 때문입니다. 성령님을 높일 최고도 구원으로 깨닫게 하시고 인도하신 은혜입니다.
　-모든 죄에서 구원하셔 저 영원한 천국으로 인도하신 사랑입니다.
　-모든 악에서 속량하셔 아 영원한 고향으로 지도하신 보호입니다.
　-모든 흠에서 용서하셔 저 무궁한 천국으로 지도하신 긍휼입니다.
　-모든 티에서 깨끗케 해주셔 그 무궁한 하늘나라 역사하신 자비입니다.
　-모든 점에서 희게 하셔 무궁한 고향으로 역사하신 은총입니다.

=하나님은 살아 계십니다.
　지금 믿음을 가지십시오. 사후에 아시면 큰일입니다. 현재가 귀합니다. 현재 없이는 과거도, 마래도 없습니다.

=하나님은 나의 반석이십니다.
　그래서 찬송합니다. 영원히 찬송으로 송축합니다.

=하나님은 구원이십니다.
　물질을 드려, 시간을 드려, 마음 드려, 생명 드려 높입니다.

4. 사랑의 하나님

> ♥ 요 3:16, 하나님이 세상을 이처럼 사랑하사 독생자를 주셨으니 이는 그를 믿는 자마다 멸망하지 않고 영생을 얻게 하려 하심이라

♪ **하나님 아버지 주신 책은** 202장

1. 하나님 아버지 주신 책은 귀하고 중하신 말씀일세
 기쁘고 반가운 말씀 중에 날 사랑한단 말 참 좋도다
2. 구속의 은혜를 저버리고 어긋난 딴길로 가다가도
 예수의 사랑만 생각하면 곧 다시 예수께 돌아오리
5. 주예수 날 사랑하시오니 마귀가 놀라서 물러가네
 주 나를 이렇게 사랑하니 그 사랑 어떻게 보답할까
후렴) 주께서 나를 사랑하니 즐겁고도 즐겁도다
 주께서 나를 사랑하니 나는 참 기쁘다

사 38:17, 보옵소서 내게 큰 고통을 더하신 것은 내게 평안을 주려 하심이라 주께서 내 영혼을 사랑하사 멸망의 구덩이에서 건지셨고 내 모든 죄를 주의 등 뒤에 던지셨나이다.

요일 4:10, 사랑은 여기 있으니 우리가 하나님을 사랑한 것이 아니요 하나님이 우리를 사랑하사 우리 죄를 속하기 위하여 화목제물로 그 아들을 보내셨음이라.

=창 5:22 〈하나님과 깊은 관계〉

에녹은 므두셀라를 낳은 후 삼백년 동안 하나님과 깊은 관계를 누리며 지냈습니다. 그 동안 에녹은 다른 아들들과 딸들을 또 낳았습니다. 에녹은 하나님의 뜻을 따라 평생 하나님과 깊은 관계를 누리며 살다가 갑자기 사라졌습니다. 이는 하나님께서 그를 데려가셨기 때문입니다.

=신 19:8- 〈도피성 세곳으로 피하게〉

… 여러분의 조상에게 약속하신 땅 전체를 주실 때는 도피성을 세 곳 더 고르시오. 그렇게 되기 위해서는 내가 오늘 여러분에게 주는 모든 율법을 잘 지켜야 하오. 여러분은 여러분의 하나님 여호와를 사랑하고 언제나 여호와의 가르침대로 사시오.

=마 26:6-13 〈예수님께 향유를 부은 여자〉

예수님께서 베다니에서 나병환자에 걸렸던 시몬의 집에 계셨을 때입니다. 한 여자가 비싼 향유 한 병을 가지고 와 식사하고 계시는 예수님의 머리에 이 향유를 부었습니다. 이 광경을 본 제자들이 화를 냈습니다.
"왜 이 값비싼 향유를 낭비하는 것이오? 그것을 비싼 값에 팔아서 가난한 사람들에게 줄 수도 있었을 텐데."
예수님께서 이것을 아시고 말씀하셨습니다.
"왜 이 여자를 괴롭히느냐? 그는 나에게 좋은 일을 하였다. … 이 여자는 내 몸에 향유를 부어 내 장례를 준비 한 것이다. 내가 진정으로 말한다. 온 세상에 복음이 전해지는 곳마다 이 여자의 한 일도 전해져 그를 기억할 것이다."

사랑의 하나님 요 3:16

사랑은 세상에서도 제일입니다. 사랑하는 자녀들, 사랑하는 가족들, 사랑하는 단체들, 사랑하는 백성들, 사랑하는 나라들.

사랑이 삶과 목표와 행함이 된다면 하늘나라 아니겠어요. 사랑의 하나님을 말할 수 있다는 게 감격입니다 불러 봅니다, "사랑의 하나님!"

=세상을 이처럼 사랑하신 하나님이십니다.

아담이 범죄 한 후부터 여인의 후손을 통하여 구원자를 보내실 것을 말씀하시고 결국 동정녀 마리아를 통하여 오시게 되었습니다. 사람의 몸을 통한 하나님의 아들로 오신 자 된 것입니다. 그래서 예수님이 우리를 위해 죽으심으로 하나님께서 우리에 대한 자기의 사랑을 확증하셨습니다.(롬 5:8)

독생자를 보내 주신 것이 사랑입니다. 마귀가 대적하고 사람들이 불신하는 세상에 육체의 한계를 가지시고 마지막에는 가장 험한 십자가 형을 치욕적으로 겪게 하시고, 죽음까지 맛보셨습니다.

=다 이루셔서 믿기만 하면 됩니다.

다 준비된 데에 걸면 되듯이, 설치된 데에 꽂으면 전기불이 오듯이, 완성된 옷을 사서 입기만 하면 외출하듯이, 누구든지 구세주 예수를 믿기만 하면 구원을 받습니다

=멸망하지 않고 영생을 얻습니다.

멸망은 영원한 죽음을 말합니다. 심판의 죽음을 말합니다. 믿음으로만 이 하나님의 생명 영생을 얻습니다. 바로 멸망이냐, 영생이냐는 주 예수님을 믿느냐 아니냐로 갈라집니다.

사랑하는 여러분, 우리 다 믿음으로 구원받게 되는 복을 누립시다.

5. 평강의 하나님

> ♥ 삿 6:23, 여호와께서는 기드온에게 안심하여라 두려워하지 마라 너는 죽지 않을 것이다 하고 말씀하셨습니다. 그래서 기드온은 그 곳에 여호와께 예배드릴 제단을 쌓고 그 제단을 여호와 살롬이라고 불렀습니다

♪ **나 어느 곳에 있든지** 408장

1. 나 어느 곳에 있든지 늘 맘이 편하다
   주 예수 주신 평안함 늘 충만하도다
2. 내 맘에 솟는 영생수 한없이 흐르니
   목마름 다시 없으며 늘 평안하도다
3. 참되신 주의 사랑을 형언치 못하네
   그 사랑 내 맘 여시고 소망을 주셨네
4. 주 예수 온갖 고난을 왜 몸소 당했나
   주함께 고난 받으면 면류관 얻겠네

후렴) 나의 맘속이 늘 평안해 나의 맘속이 늘 평안해
   악한 죄 파도가 많으나 맘이 늘 평안해

고후 13:11, … 형제들아 기뻐하라 온전하게 되며 위로를 받으며 마음을 같이 하며 평안할지어다 또 사랑과 평강의 하나님이 너희와 함께 계시리라. 거룩하게 입맞춤으로 서로 문안하라.

살전 5:23, 평강의 하나님이 친히 너희를 온전히 거룩하게 하시고 또 너희의 온 영과 혼과 몸이 우리 주 예수 그리스도께서 강림하실 때에 흠 없게 보전되기를 원하노라.

=대하 14:1-7 〈아사왕의 십년〉

아비야의 아들 아사가 그의 뒤를 이어 왕이 되었습니다. 아사의 시대에 십년 동안 그 땅에 평화가 있었습니다.

아사는 여호와 보시기에 올바른 일을 했습니다. 아사는 우상을 섬기는 데에 썼던 이방 제단과 산당들을 없애버렸습니다. 그리고 헛된 신들을 기념하는 돌 기둥들을 부숴버리고 아세라 우상들을 찍어 버렸습니다.

아사는 유다 백성들을 명령하여 그들의 조상이 섬기던 하나님께 복종하게 했습니다. 아사는 그들에게 여호와의 가르침과 계명을 지키라고 명령했습니다.

"우리가 애써 복종하니 주께서 온 둘레에 평화를 주셨소." 그리하여 그들은 지으려고 계획했던 것들을 잘 지었습니다.

=요 16:32, 33 〈예수님의 평안이 내게〉

예수님께서 말씀하셨습니다.

"이제 내가 하늘로부터 온 것을 믿느냐 그러나 잘 들어라 너희가 뿔뿔이 흩어질 때가 다가오고 있으며 이미 그때가 되었다. 너희는 저마다 자기 집으로 흩어지고 나를 혼자 버려 둘 것이다. 그러나 나는 혼자가 아니다 그것은 아버지께서 나와 함께 계시기 때문이다. 내가 이것을 너희에게 말한 것은 너희가 내 안에서 평안을 얻게 하려는 것이다. 이 세상에서는 너희가 고난을 당할 것이다. 그러나 담대하여라! 내가 세상을 이기었다!"

평강의 하나님 살전5:23

우리의 몸으로 보시면 어느 한군데라도 조금 안 좋으면 어떤가요? 늘 마음이 쓰입니다. 그러므로 몸의 어디에든지 거리낌이 없어야 하지요.

우리의 마음에도 마찬가지입니다. 늘 평온한 마음, 잔잔한 마음입니다. 어떤 일을 함에서 정돈된 마음, 감사의 마음, 가능의 마음이라 할 수 있습니다. 어떻게 가능할까요?

=주 예수님과 함께 하는데 있습니다.

주님과 통해야 합니다. 주님과의 죄의 담이 되었으면 회개의 고백, 자백으로(요일 1:9-) 깨끗함을 가져야 합니다. 그러면 누구든지 주님과 함께 하게 됩니다. 주님과 교제하며 친밀함을 유지하여 평강을 가집니다.

=하나님의 거룩함을 입는데 있습니다.

하나님만이 거룩하신 분이십니다. 의의 하나님이십니다. 그러므로 주 안에서 아버지 하나님의 거룩을 함께 유지하게 됩니다. 이래야 악하고 음란한 세상에서 거룩함을 늘 빛 되게 나타낼 수 있습니다. 거룩의 은혜가 넘쳐서 기쁘게 승리하시기 바랍니다.

=성령님의 충만을 입는데 있습니다.

주님의 재림 때까지 영, 혼, 육간에 흠 없이 보존됨은 내 힘으로 되지 않아요. 내가 이 땅에 온 것이 나입니까 지금까지 삶이 내가 함으로 되었나요? 앞날은요? 성령의 은혜로 되어 집니다.

그러므로 늘 기도하면서 성령의 인도를 받아야 합니다. 성령의 은혜를 바라야 합니다. 성령 충만으로 살아야 한다면 성령을 늘 언제나 항상 구하면서 평강을 유지하여 살아가시기를 축복합니다.

6. 은혜의 하나님

> ♥ 렘 32:18-, 주께서는 수천대에 이르기까지 은혜를 베푸시지만 부모의 죄에 대해서는 그 자손에게까지 그 죄값을 치르게 하십니다

♪ **은혜가 풍성한 하나님은** 197장

1. 은혜가 풍성한 하나님은 믿는 자 한 사람 한 사람
   어제도 오늘도 언제든지 변찮고 보호해 주시네
2. 정욕과 죄악에 물든 맘을 성령의 불길로 태우사
   정결케 하소서 태우소서 깨끗게 하여 주옵소서
3. 희생의 제물로 돌아가신 어린양 우리 주 예수여
   구속의 은혜를 내리시사 오늘도 구원해 주소서
4. 주님의 깊으신 은혜만을 세사에 널리 전하리니
   하늘의 능력과 권세로써 오늘도 입혀 주옵소서

후렴) 주여 성령의 은사들을 오늘도 내리어 주소서
   성령의 뜨거운 불길로써 오늘도 충만케 하소서

요 1:14, 말씀이 사람이 되셔서 우리 가운데에서 사셨습니다. 우리는 그 분의 영광을 보았습니다. 그 영광은 오직 아버지의 독생자만이 가질 수 있는 영광이었습니다. 그 말씀은 은혜와 진리로 충만해 있었습니다.

벧전 5:10, 힘든 고난은 잠시 동안입니다. 이후에 하나님께서는 모든 것을 바르게 세우실 것입니다. 여러분의 뒤에서 받쳐주시고 든든하게 세워 주셔서 결코 넘어지지 않게 하실 것입니다. 은혜의 하나님께서 그리스도 안에서 함께 영광을 누릴 수 있도록 여러분을 친히 부르셨으니 그 영광이 영원토록 함께 하기를 기도드립니다.

=창 6:7- 〈은혜를 입은 노아〉

사람으로부터 가축과 기는 것과 공중의 새까지 쓸어버리리니 내가 그것들을 지었음을 후회하기 때문이다.
그러나 노아는 은혜를 입었습니다.

=대하 6:41- 〈솔로몬이 하나님께 기도드리다〉

여호와 하나님이여 일어나셔서 주의 쉬실 곳으로 오십시오. 주의 능력을 보여주는 궤가 있는 이곳에 오셔서 평안히 계십시오. 여호와 하나님이여 원하기는 주의 제사장들에게 구원을 입게 하시고 또 주의 성도들에게 은혜를 기뻐하게 하시옵소서.

=욥 33:26 〈엘리후가 욥에게 하는 말〉

그는 하나님께 기도함으로 하나님이 은혜를 베푸사 그로 말미암아 기뻐 외치며 하나님의 얼굴을 보게 하시고 사람에게 그의 공의를 회복 시키느니라

=눅 1:28-31 〈예수의 나심을 천사가 예고하다〉

천사가 마리아에게 와서 말했습니다.
"은혜를 입은 여인이여! 기뻐하여라 주께서 당신과 함께 하길 빈다."
마리아는 천사의 말을 듣고 너무 놀라서 '이게 대체 무슨 소리인가' 하고 생각하였습니다. 천사기 마리아에게 말하였습니다.
"마리아야 두려워하지 마라 하나님께서 네게 은혜를 베푸신다. 보아라! 네가 아이를 임신하게 되어 아들을 낳을 것이다. 너는 그 이름을 예수라고 하여라.

은혜의 하나님 벧전 5:10

구약에서는 하나님께서 노를 참으시는 것이 은혜였습니다. 신약에서는 예수 그리스도를 통하여 값없이 거저 받는 죄사함, 자유함, 자녀된 영생이 은혜인 것입니다. 결국 그리스도 안에서 영원한 영광을 누릴 수 있도록 하시는 생의 은혜입니다.

=친히 부르셨습니다(부르심의 은혜)
말씀을 통하여 성령이 역사하셔서 믿음으로 받고 신앙생활이 시작된 것입니다. 우리를 죄악 세상 가운데서 부르신 은혜에 늘 감사해야 할 것입니다.

=말씀의 신앙생활로 가게 하십니다(순종의 은혜)
말씀을 인하여 하나님을 알아가며 예수님으로 더 깊이 배우며 성령의 인도하심에 신앙의 능력을 나타내게 됩니다. 그러니까 말씀을 열심히 읽고, 듣는, 예배생활을 잘 하고 기도로 모든 것을 구해야 합니다.

=은혜를 받기 위해서 어떻게 해야 합니까?
-회개하는 자가 받습니다.(행 2:38)
-사모해야 합니다.(벧전 2:2) 어린애가 젖을 먹기 바라듯이, 사슴이 시냇물을 찾듯이 말입니다
-겸손할 때 받게 됩니다.(약 4:6)
-기다리는 마음을 가져야 합니다.(행 1:14,2:1)
-항상 하나님을 사랑하는 자가 받습니다.(엡 6:24)
-간절히 기도하는 자가 받습니다.(눅 11:5-13) "비록 벗됨을 인하여서는 이러나 주지 않을지라도 그 강청함을 인하여 일어나 요구대로 주리라"고 하셨습니다.
구하심으로 많이 응답받으시기 바랍니다.

◐ 7. 자비하신 하나님

> ♥ 신 4:31-, 네 하나님 여호와는 자비하신 하나님이심이라 그가 너를 버리지 아니하시며 너를 멸하지 아니하시며 네 조상들에게 맹세하신 언약을 잊지 아니하시리라

♪ 자비하신 예수여 395장

1. 자비하신 예수여 내가 사람가운데 의지할이 없으니 슬픈자가 됩니다
마음 심히 어두니 밝게하여 주소서 나를보호 하시고 항상 인도하소서
2. 죄를지은 까닭에 나의맘이 곤하니 용서하여 주시고 쉬게 하여주소서
천국가고 싶으나 나의 공로 없으니 예수공로 힘입어 천국가게 하소서
3. 허락하심 이루어 사랑 항상있도다 모두 이뤄주심을 나는 믿사옵니다
구주밖에 누구를 달리 찾아보리요 복과영생 예수니 더 원할 것없도다
4. 거룩하신 구주여 피로 날사셨으니 어찌 감사하오니 말로 할수없도다
주의 귀한 형상을 나도 입게 하시고 하늘나라가서도 사랑하게 하소서
아멘

시 51:1, 하나님이여 주의 인자(자비)를 따라 내게 은혜를 베푸시며 주의 많은 긍휼을 따라 내 죄악을 지워 주소서.

사 54:8, 내가 넘치는 진노로 내 얼굴을 네게서 잠시 가렸으나 영원한 자비로 너를 긍휼히 여기리라 네 구속자 여호와께서 말씀하셨느니라.

=창 19:13-16 〈하나님의 자비로 롯이 구원 받다〉

천사가 말하기를 "우리는 이 성을 멸망시킬 것이요 여호와께서는 이 성에서 벌어지는 악한 일에 대해 모두 들으셨소. 그래서 여호와께서 이 성을 멸망시키라고 우리를 보내신 것이요." 롯은 이 말을 듣고 밖으로 나가 사위들에게 일러 주었습니다.

"어서 빨리 이 성을 떠나게, 멸망될 것이네."

그러나 그들은 롯의 말을 장난으로 여겼습니다 … 천사들은 두 딸과 아내를 잡아 끌고 안전한 곳으로 … 이처럼 여호와께서는 롯과 그의 가족에게 자비를 베푸셨습니다.

=마 12:9-13 〈예수님이 안식일에 손 마른 사람을 고치시다〉

예수님께서 유대인의 회당에 들어 가셨습니다. 회당 안에 손이 오그라진 사람이 있었습니다. 사람들이 예수님을 고발하려고

"안식일에 병을 고치는 것이 옳습니까?"

하고 예수님께 여쭈었습니다.

"만일 너희 중에서 어떤 사람이 양 한 마리를 가지고 있는데 그 양이 안식일에 구덩이에 빠지면 양을 끌어내지 않겠느냐?"

라고 대답하시다.

하물며 사람은 양보다 얼마나 더 귀중하냐? 그러므로 안식일에 선한 일을 하는 것이 옳다.

그리고 나서 예수님께서 손이 오그라진 사람에게 말씀 하셨습니다.

"손을 펴 보아라."

그 사람이 손을 펴자 그 손이 다른 손처럼 회복되었습니다.

자비하신 하나님 신4:31

　자비는 성령님의 아홉 가지 열매 중의 하나입니다. 하나님의 성품이신 자비는 인자하신 하나님의 마음을 뜻합니다. 또한 하나님의 형상대로 지음 받은 인간은 하나님의 자비하심에 따라 유순하고 온유하여 타인을 넓게 이해하는 마음을 갖게 됩니다. 이 마음은 관용과 친절이 내포된 마음입니다.
　인간의 자비하는 마음은 성령님을 통해 주어지는 선물입니다. 성령님을 사모할 때 그 자비는 인간에게 주어집니다. 이런 사실들을 살펴보겠습니다.

첫째, 자비는 하나님의 인자하심을 일컫습니다.

　하나님께는 절대적인 성품과 도덕적인 성품이 있습니다. 절대적인 성품은 하나님께서 영이시라는 것과 완전무결, 절대불변, 영원하시다는 것을 의미합니다. 그리고 하나님의 도덕적인 성품은 하나님께서 사랑이시고 인자하시고 자비로우시고 공의로우시고 의로우시고 좋으신 분이란 사실을 말합니다.
　하나님은 인자하심이 매우 풍성하신 좋으신 하나님이십니다. 중요한 것은 인류가 하나님의 자비하심으로 말미암아 구원을 얻는다는 사실입니다. 우리는 하나님의 자비의 증거인 예수 그리스도를 의지할 때 구원의 놀라운 역사를 체험하게 됩니다.

둘째, 자비는 성령의 열매입니다.

　하나님으로 말미암지 않는 자비는 참된 자비라고 말씀할 수가 없습니다. 성령의 열매는 영원한 것이기 때문에 일시적이고 기회주의적인 인간의 자선행위를 자비로 단정 지을 수가 없습니다. 성령님께서 주신 자비만이 참된 자비입니다.

인간은 온전하지 못하기 때문에 온전하신 하나님의 자비가 우리에게 임할 때 인간의 자비는 참된 자비가 될 수 있습니다. 그 길은 성령님으로 말미암습니다. 성령님을 인정하고 환영하고 모셔드리고 의지할 때 하나님의 자비가 자신에게 임하게 됩니다.

셋째, 자비는 그리스도인의 의무입니다.

하나님은 당신의 택하신 거룩하고 사랑하신 자에게 자비로 옷을 입으라고 말씀하십니다.(골 3:12) 성경은 그리스도인들이 하나님의 자비하신과 같이 하나님의 자비를 본받지 아니하면 벌을 받는다고 기록하고 있습니다. "너희가 만일 하나님의 인자에 거하면 그 인자가 너희에게 있으리라 그렇지 않으면 너도 찍히는 바 되리라."(롬 11:22)

여기에서 인자는 신약성경 원어인 헬라어 '크레스토테스' 곧, 자비를 뜻합니다. 하나님의 일꾼은 자비로 무장하여 이 땅에 하나님의 나라를 확장시키는 선한 사람입니다.

하나님은 자비로우신 분이십니다. 하나님의 자비가 우리의 자비가 될 때 세상은 밝아지게 됩니다. 이웃에 대한 따뜻하고 온유한 마음인 자비가 없는 세상은 인류의 큰 고통입니다. 자비는 말이나 이론이 아닌 행위입니다. 그리스도인은 하나님의 자비로 무장하여 이웃에게 유익을 주는 신앙생활을 해야 할 것입니다.

출 34:6, 은혜로 일하심
신 13:17, 번성으로 일하심
시 51:1, 죄과를 도말하심
고후 6:6, 오래 참으심

8. 영광의 하나님

♥ 시 24:10, 영광의 왕이 누구시냐 만군의 여호와께서 곧 영광의 왕이 시로다

♪ 찬양 성부 성자 성령 2장

1. 찬양 성부 성자 성령 성 삼위일체께
   영원무궁하기까지 영광을 돌리세 영광을 돌리세. 아멘

♪ 성부 성자와 성령 3장

1. 성부 성자와 성령 찬송과 영광 돌려보내세
   태초로 지금까지 또 영원무궁토록 성 삼위께 영광 영광. 아멘

시 29:3, 여호와의 소리가 물 위에 있도다. 영광의 하나님이 우렛소리를 내시니 여호와는 많은 물 위에 계시도다.

행 7:2, 스데반이 이르되 여러분 부형들이여 들으소서. 우리 조상 아브라함이 하란에 있기 전 메소보다미아에 있을 때에 영광의 하나님이 그에게 보여 이르시되 네 고향과 친척을 떠나 내가 네게 보일 땅으로 가라 하시니

-영광의 하나님을 만나시기 바라며, 기원합니다

=출 14:15-16 〈이스라엘을 뒤쫓는 바로에게 믿음으로 맞서다〉

그때에 여호와께서 모세에게 말씀하셨습니다. "너는 왜 나에게 부르 짖느냐? 이스라엘 백성에게 명령하여 앞으로 나아가게 하여라 네 지팡 이를 들어 바다를 가리키라 그러면 바다가 갈라질 것이고 백성은 마른 땅위로 바다를 건널 수 있을 것이다."

=출 40:32-34 〈여호와의 영광이 성막에 충만하다〉

모세와 아론과 그 아들들이 회막에 들어갈 때마다 그 물로 씻었습니 다. 그리고 번제단에 가까이 갈 때에도 그 물로 씻었습니다. … 모세는 회막과 제단 둘레의 뜰을 휘장으로 둘러쌌습니다. 그리고 뜰의 입구에 휘장을 쳐서 문을 달았습니다. 이렇게 모세는 모든 일을 마쳤습니다. 그 러자 구름이 회막을 덮었습니다.

=눅 2:10-13 〈목자들이 예수 탄생 소식을 듣다〉

천사가 말하기를 "두려워 말라 보아라 모든 백성을 위한 큰 기쁨의 소 식을 가지고 왔다. 오늘 다윗의 마을에 너희를 위하여 구세주께서 태어 나셨다. 그는 곧 그리스도 주님이시다. 포대기에 싸여 구유에 누워있는 아기를 볼 것인데 이것이 너희이게 주는 증거이다." 갑자기 그 천사와 함께 많은 하늘 군대가 나타나 하나님을 찬양하였습니다.

=계 21:11-12 〈 새 예루살렘〉

그 성은 하나님의 영광의 광채에 둘러 싸여 귀한 보석과 수정과도 같 이 맑은 백옥처럼 밝게 빛나고 있었습니다. 그 성에는 열두 대문이 있는 높고 큰 벽이 둘러 서 있었습니다. 각 문에는 열두 천사가 지키고 있었고 이스라엘 열두 지파의 이름이 기록되어 있었습니다.

영광의 하나님 시 24:10

=세상의 영광
-단 2:37, 하나님께서 주신 것임
-마 4:8, 시험받는 원인이 됨
-살전 2:6, 사람에게서 얻으려고 함
-벧전 1:24, 신속히 지나감

=신자들의 영광
 -요 17:22, 하나님께서 주신 것임
"… 우리가 하나가 된 것같이 저희도 하나가 되게 하려 함이니이다."
-고후 3:18, 그리스도와 같은 영광을 받음
-롬 8:18, 현재의 고난과 비교할 수 없음
"현재의 고난은 장차 우리에게 나타날 영광과 비교할 수 없도다"
 -골 1:27, 그리스도가 영광가 소망이 됨
"… 이 비밀의 영광이 이방인 가운데 얼마나 풍성한지를 알게 하려 하심이라 이 비밀은 너희 안에 계신 그리스도시니 곧 영광의 소망이니라."
 -딤후 2:10, 구원을 영원한 영광과 함께 받음
 -히 2:9-10, 그리스도의 죽음으로 인해 영광에 들어감
 -골 3:4, 그리스도의 재림과 함께 영광 중에 나타남
 -롬 5:2-3, 환난 중에서도 영광을 바라고 즐거워하게 함

9. 위로의 하나님

> ♥ 롬 15:5-, 이제 인내와 위로의 하나님이 너희로 그리스도 예수를 본받아 서로 뜻이 같게 하여 주사

♪ **구주와 함께 나 죽었으니** 407장

1. 구주와 함께 나 죽었으니 구주와 함께 나 살았도다
   영광의 그날에 이르도록 언제나 주만 바라봅니다
2. 맘속에 시험을 받을 때와 무거운 근심이 있을 때에
   주께서 그때도 같이 하사 언제나 나를 도와주시네
3. 뼈아픈 눈물을 흘릴 때와 쓰라린 맘으로 탄식할 때
   주께서 그때도 같이 하사 언제나 나를 생각하시네
4. 내 몸의 약함을 아시는 주 못 고칠 질병이 아주 없네
   괴로운 날이나 기쁜 때나 언제나 나와 함께 계시네

행 9:31, 그리하여 온 유대와 갈릴리와 사마리아 교회가 평안하여 든든히 서 가고 주를 경외함과 성령의 위로로 진행하여 수가 더 많아지니라.

고후 1:3-4, 찬송하리로다 그는 우리 주 예수 그리스도의 하나님이시오 자비의 아버지시오 모든 위로의 하나님이시며 우리의 모든 환난 중에서 우리를 위로하사 우리로 하여금 하나님께 받는 위로로써 모든 환난 중에 있는 자들을 능히 위로하게 하시는 이시로다.

=눅 7:11-15 〈나인성의 한 과부의 아들 살리심〉

예수님께서 나인이란 마을로 가셨습니다. 제자들과 많은 사람들도 예수님을 따라 함께 갔습니다. 예수님께서 성문 가까이 이르렀을 때 죽은 사람이 실려 나오고 있었습니다. 그는 과부의 하나 밖에 없는 아들이었습니다. 마을 사람들이 그 과부와 함께 있었습니다.

주께서 그를 보시고 불쌍하게 여기셨습니다. 예수님께서 아이의 어머니에게 말씀하셨습니다. "울지 말라." 그리고 관에 손을 대시니 관을 메고 가던 사람들이 걸음을 멈추었습니다. 예수님께서 말씀하셨습니다. "소년아 내가 네게 말한다. 일어나라!" 그러자 죽었던 사람이 일어나 앉아서 말하기 시작하였습니다. 예수님께서 그를 어머니에게 보내었습니다.

=요 21:3-9 〈일곱 제자들과 부활하신 예수님과 아침 식사〉

시몬 베드로가 다른 6제자들에게 나는 물고기 잡으러 간다 하였습니다. 제자들도 같이 가겠다하여 배에 올라탔습니다. 그러나 그날 밤에는 한 마리도 잡지 못하였습니다.

다음날 아침 예수님께서 호수가에 서 계셨으나 아무도 예수님인줄 알지 못하다. "한 마리도 못 잡았느냐?" 제자들은 잡지 못했다고 하다. "그물을 배 오른편에 던져라 그러면 고기를 잡을 것이다." 그대로 고기가 너무 많아 그물을 배안에 끌어 올릴 수가 없었습니다.

예수님의 제자가 베드로에게 말하다. "주님이시다." 베드로는 이 말을 듣자마자 벗고 있던 겉옷을 두르고는 물로 뛰어 들었습니다. 제자들이 배를 대어 내리니 숯불이 피어져 있는 것이 보였습니다. 불 위에는 생선이 놓여 있었고 빵도 있었습니다. 예수님은 그들에게 "와서 아침식사를 하여라." 하셨으나 아무도 말을 하지 못하다. 예수님은 빵을 가져다가 제자들에게 주셨고 생선도 주셨습니다.

위로의 하나님 **롬 15:5**

-사 40:1,2, 비교할 수 없는 하나님
-시 86:17, 주는 나를 돕고 위로하시는 이
-사 51:3, 모든 황폐한 것을 위로하여 기뻐함, 즐거워함, 감사함
-롬 15:5, 인내와 위로의 하나님이 예수 본받아
-고후 1:3-4, 하나님 자비의 아버지, 모든 위로의 하나님

=위로의 출발은?
-롬 15:4 말씀으로-"우리로 하여금 성경의 위로로 소망을 가지게 함이니라."
-행 9:31, 성령에 의하여
-고후 7:6, 성도들의 교제로

=성령으로 이들에게
-사 40:1,2, 고난 당하는 자-"내 백성을 위로하라. … 노역의 때가 끝났고 죄악이 사함을 받았느니라."
-고후 2:7, 근심하는 자
-대상 7:22, 마음이 약한 자, 슬퍼하는 자
-살전 4:18, 주님의 재림을 사모하는 자

=위로는 어디로부터 인가?
-시 23:1-6, 주님을 의지함으로-"여호와는 나의 목자"
-요 14:1-4, 주님과 동거함으로
-살전 4:13-18, 부활을 확신함으로
-사 40:10-11, 주님의 인도로

10. 소망의 하나님

♥ 시 71:5, 주 여호와여 주는 나의 소망이시오 내가 어릴 때부터 신뢰한 이시라

♪ **이 몸의 소망 무언가** 488장

1. 이 몸의 소망 무언가 우리 주 예수뿐일세
   우리 주 예수 밖에는 믿을 이 아주 없도다
2. 무섭게 바람 부는 밤 물결이 높이 설렐 때
   우리 주 크신 은혜에 소망의 닻을 주리라
3. 세상에 믿던 모든 것 끊어질 그날 되어도
   구주의 언약 믿사와 내 소망 더욱 크리라
4. 바라던 천국 올라가 하나님 앞에 뵈올 때
   구주의 의를 힘입어 어엿이 바로 서리라

후렴) 주 나의 반석이시니 그 위에 내가 서리라
   그 위에 내가 서리라

롬 15:13, 소망의 하나님이 모든 기쁨과 평강을 믿음 안에서 너희에게 충만하게 하사 성령의 능력으로 소망이 넘치게 하시기를 원하노라.

딤전 1:1, 우리 구주 하나님과 우리의 소망이신 그리스도 예수의 명령을 따라 그리스도 예수의 사도된 바울은 믿음 안에서 참 아들 된 디모데에게 편지하노니 하나님 아버지와…

=출 1:15- ⟨애굽의 압제아래 낳은 아이중 남자는 죽임⟩

십브라와 부아라는 히브리 산파들은 히브리 여자들이 아기 낳는 일을 도와주는데 애굽 왕이 산파들에게 명령하다. 모든 사내아이는 죽여버리라고 하지만 이 산파들은 하나님을 두려워하는지라 하나님의 은혜로 피하게 되다.

=에 4:13-16 ⟨에스더의 삼일 금식하며 죽을 각오를 하다⟩

모르드개가 사람을 시켜 에스더에게 전하라고 하다.
"지금 왕비께서 왕궁에 살고 계신다고 하여 다른 유대인이 다 당할 일을 왕비께서만 피할수 있다고 생각하지 마십시오. 지금 왕비가 잠잠히 있다해도 다른 사람의 도움으로 유다인은 해방과 구원을 얻을 것입니다. 그러나 왕비와 왕비의 집안은 멸망을 당할 것입니다. 왕비가 왕비의 자리에 오른 것도 바로 이런 때를 위한 것인지 누가 압니까?"
왕비의 대답이 "가서 수산성에 있는 유다인들을 다 모으고 나를 위해 금식하게 하십시오. 3일 동안 금식하며 내 여종들도 하겠습니다. 그러다가 죽으면 죽겠습니다."

=벧전 3:15,16 ⟨누가 소망에 대한 이유를 물을 때의 대답은?⟩

마음속에 그리스도만 거룩한 주님으로 모시십시오. 여러분이 가지고 있는 소망에 관해 묻는 사람들에게 대답할 말을 준비해두십시오. 그들에게 공손하고 친절한 태도로 그것을 설명해 주십시오. 늘 바르게 살아가십시오. 그러면 그리스도 안에서 선하게 살아가는 여러분을 헐뜯는 사람들이 도리어 부끄러움을 느낄 것입니다.

소망의 하나님 롬 15:13

=소망의 대상은?
-시 71:5, 여호와가 소망-
"… 주는 나의 소망이시오 내가 어릴 때부터 신뢰한 이시라"
-시 78:7, 하나님께서
-살전 1:3, 주님께서
-딤전 1:1, 예수 그리스도가
-딤전 4:10, 살아 계신 하나님
-벧전 1:21, 영광의 하나님께

=소망을 가진 자의 태도는?
-시 62:5, 잠잠히 하나님만 바람
-애 3:26, 구원을 바라는 것
-행 28:20, 쇠사슬에 매이기도 함
-롬 12:12, 소망 중에 즐거워 함-인내를 가지며
-갈 5:5, 믿음을 좇아 기다림
-빌 1:20, 아무 일에든지 부끄럽지 않는 생활함

=소망을 가진 자의 결과
-욥 4:6, 행위가 완전함
-시 146:5, 복이 있음
-잠 10:28, 즐거움을 이루게 됨
-롬 8:24, 구원을 얻게 됨
-롬 15:13, 믿음에서 충만함
-딛 3:7, 후사가 됨

11. 예비(준비)의 하나님

♥ 창 22:14, 아브라함이 그 땅 이름을 여호와 이레라 하였으므로 오늘 날까지 사람들이 이르기를 여호와의 산에서 준비되리라 하더라

♪ **오 신실 하신 주** 393장

1. 오 신실하신 주 내 아버지여 늘 함께 계시니 두렵없네
   그 사랑 변찮고 날 지키시며 어제나 오늘이 한결같네
2. 봄철과 또 여름 가을과 겨울 해와 달 별들도 다 주의 것
   만물이 주 영광 드러내도다 신실한 주 사랑 나타내내
3. 내 죄를 사하여 안위하시고 주 친히 오셔서 인도하여
   오늘의 힘되고 내일의 소망 주만이 만복을 내리시네
후렴) 오 신실하신 주 오 신실하신 주 날마다 자비를 베푸시며
   일용할 모든 것 내려주시니 오 신실하신 주 나의 구주

막 1:2-3, 보라 내가 내 사자를 네 앞에 보내노니 그가 네 길을 준비하리라. 광야에 외치는 자의 소리가 있어 이르되 너희는 주의 길을 준비하라. 그의 오실 길을 곧게 하라.

요 14:2-3, 내 아버지 집에 거할 곳이 많도다. 그렇지 않으면 너희에게 일렀으리라. 내가 너희를 위하여 거처를 예비하러 가노니 가서 너희를 위하여 거처를 예비하면 내가 다시 와서 너희를 내게로 영접하여 나 있는 곳에 너희도 있게 하리라.

나 위해 준비하시는 하나님 아버지!

=출 16:4, 5 〈만나와 메추라기 준비하심〉

여호와께서 모세에게 말씀하셨습니다.
"내가 너희를 위하여 하늘에서 비를 내리듯 양식을 내려줄 터이니 백성들이 날마다 나가서 그날에 필요한 양식을 거두도록 하여라. 내가 이 일로 백성들이 내가 가르친대로 하는지 하지 않는지를 시험하여 볼 것이다. 매주 육일째 되는 날에는 다른 날에 거두는 양보다 두 배 더 많게 거두어라 다음날 거둘 분량을 저장해 두어라."

=욘 1:17, 4:7 〈큰 물고기, 박 넝쿨, 벌레를 예비하심〉

여호와께서 큰 물고기를 예비하사 요나를 삼키게 하셨음으로 요나가 밤낮 삼일을 물고기 배속에 있으니라. 하나님 여호와께서 박 넝쿨을 예비하사 요나를 가리게 하셨으니 이는 그의 머리를 위하여 그늘이 지게 하며 그의 괴로움을 면하게 하려 하심이었더라. 요나가 박 넝쿨을 말미암아 크게 기뻐하였더니 하나님이 벌레를 예비하사 이튿날 새벽에 그 박 넝쿨을 갉아먹게 하시매 시드니라.

=마 7:8-11 〈구함으로 다 예비되어 준비하시는 예수님〉

"구하는 사람은 누구든지 받을 것이다. 찾는 사람은 찾을 것이다. 그리고 두드리는 사람에게는 문이 열릴 것이다. 아들이 빵을 달라고 하는데 너희 중에서 누가 돌을 주겠느냐? 아들이 생선을 달라고 누가 뱀을 주겠느냐? 비록 너희가 나쁜 사람이라 할지라도 자녀에게 좋은 것을 주려고 하는데 하물며 하늘에 계신 너희 아버지께서 구하는 사람에게 좋은 것을 주시지 않겠느냐?"

예비의 하나님 창 22:14

우리에게는 미래를 위하여 세 가지로 할 일이 있습니다.

첫째, 장래의 일을 말하십시오.

믿음은 바라는 것들의 실상이요 보지 못 하는 것들의 증거입니다. 과거 이야기를 하더라도 내일을 위하여 말하여야 합니다.

사실, 역사적으로 이스라엘만큼 과거를 정확하게 기억하는 민족은 없습니다. 그들은 과거를 결코 잊지 않습니다.

1) 마사다 사건을 잊지 않습니다.

로마에 항거하다가 죽은 969명의 장렬한 투쟁 용사들의 자살 사건을 잊지 않고, 군인들은 그 곳에서 민족에 충성을 서약합니다.

2) 출애굽 사건을 잊지 않습니다.

이로써 그들은 해마다 유월절을 지킵니다. 3,500년 동안을 끊임없이 유월절 양식을 먹으면서 지냅니다. 건넌 홍해를 기억하며 소금물에 쓴 나물과 무교병을 찍어 먹습니다. 양고기를 먹습니다. 가정마다 적어도 3시간 내지 4시간 예식이라 하여 유월절 행사를 갖게 됩니다.

세계에 흩어져 있는 이스라엘 민족은 누구든지 이 예식을 하여야 합니다. 가장 큰 행사입니다.

3) 부림절 사건을 잊지 않습니다.

하만이 이스라엘 백성들을 몰살시키려고 하다가 자기가 죽은 사건입니다. 그런데 이런 과거를 자꾸만 자녀들에게 가르치고 회상하는 것은 미래를 위하여 그렇게 하는 것입니다.

이것이 유대인들의 부림절이 되었습니다. 지금도 이틀 동안 지키고 있습니다. 끝까지 포기하지 않는 자가 승리자입니다.

둘째, 꿈을 꾸십시오.

요엘은 젊은이는 장래 일을 말하고 늙은이는 꿈을 꿀 것이라고 말했습니다.(욜 2:28) 꿈은 공짜입니다. 항상 꿈을 꾸십시오. 미래를 향하여 돌진하십시오.

셋째, 이상을 바라보십시오.

이상이 무엇입니까? 목표입니다. 목표를 보고 전진하는 자에게는 반드시 목표를 달성할 수 있습니다. SMI 회장 폴 마이어는 말했습니다.
"내가 목표를 세우면 목표는 나를 끌어 준다."

어떻게 하면 장래 일을 말할 수 있을까요?
어떻게 하면 꿈을 꿀 수 있을까요?
어떻게 하면 이상을 볼 수 있을까요?
간단합니다. 성령을 받으면 됩니다.
"내가 내 신을 만민에게 부어 주리니…"

12. 도움의 하나님

> ♥ 삼상 7:12, 사무엘이 돌을 취하여 미스바와 센 사이에 세워 이르되 여호와께서 여기까지 우리를 도우셨다하고 그 이름을 에벤에셀이라 하니라

♪ 지금까지 지내온 것 301장

1. 지금까지 지내온 것 주의 크신 은혜라 한이 없는 주의 사랑 어찌 이루 말하랴 자나 깨나 주의 손이 항상 살펴주시고 모든 일을 주 안에서 형통하게 하시네
2. 몸도 맘도 연약하나 새 힘 받아 살았네 물붓듯이 부으시는 주의 은혜 족하다 사랑 없는 거리에나 험한 산길 헤맬 때 주의 손을 굳게 잡고 찬송하며 가리라
3. 주님 다시 뵈올 날이 날로날로 다가와 무거운 짐 주께 맡겨 벗을 날도 멀잖네 나를 위해 예비하신 고향 집에 돌아가 아버지의 품안에서 영원토록 살리라

대하 26:15, … 웃시야의 이름이 멀리 퍼짐은 기이한 도우심을 얻어 강성하여짐이었더라.

행 26:22, 아그립바 왕에게 말하기를 하나님의 도우심을 받아 내가 오늘까지 서서 높고 낮은 사람 앞에서 증언하는 것은 선지자들과 모세가 반드시 되리라고 말한 것 밖에 없으니 곧 그리스도가 고난을 받으실 것과 다시 살아나사 이스라엘과 이방인들에게 빛을 전하시리라 함이니이다 하니라.

=대하 26:6- ⟨웃시야가 불레셋과의 전투에서 하나님의 도움으로 크게 이김⟩

웃시야가 불레셋과 아라비아, 마온, 암몬 사람들을 크게 이기고, 성읍도 건축하고, 조공도 받고, 강성하여 이름이 퍼지다. 또 광야에 망대도 세우고 물 웅덩이를 많이 파고, 가축도 많이 길렀으며 산과 밭 포도원을 다스리는 자도 두다.

싸우는 군사와 촌장의 수가 2,600명 군대가 307,500명이었다. 하나님의 이런 기이한 도우심을 얻어 강성하여짐이니라.

=마 8:28-32 ⟨예수님이 귀신들린 두 사람을 온전하게 하심⟩

주님께서 호수 건너편 가다라 지방에 오셨을 때 귀신들린 두 사람이 무덤 사이에서 나오다가 마주치다. 이들은 너무 사납기에 아무도 지나갈 수 없었어요. 소리쳤습니다.

"하나님의 아들이여 당신이 우리와 무슨 상관이 있습니까? 때가 되기도 전에 우리를 괴롭히려고 여기에 오셨습니까?"

마침 거기서 얼마간 떨어진 곳에 많은 돼지떼가 먹이를 먹고 있었습니다. 귀신들이 예수님께 간청했습니다.

"만일 이 사람들에게서 쫓아내시려면 저 돼지 떼 속으로 보내 주십시오."

예수님께서 그들에게 말씀하셨습니다.

"가거라."

귀신들은 그 사람들에게서 빠져나와 돼지 떼 속으로 들어갔습니다. 그러자 돼지 떼가 산 아래에 있는 호수로 달려가더니 모두 물속에 빠져 죽었습니다.

도움의 하나님 삼상 7:12

약속대로 도우시는 하나님,
 능력이 문제(난관) 때에 항상 도우시는 살아계시는 하나님을 누리세요.

1. 그리스도는 만물을 복종케 하심

빌 3: 21, 그가 만물을 자기에게 복종케 하실 수 있는 자의 역사로 우리의 낮은 몸을 자기 영광의 몸의 형체와 같이 변케 하시리라
골 1:16, 만물이 그에게 창조되되 하늘과 땅에서 보이는 것들과 보이지 않는 것들과 혹은 보좌들이나 주관들이나 정사들이나 권세들이나 만물이 다 그로 말미암고 그를 위하여 창조되었고
요 1:3, 만물이 그로 말미암아 지은바 되었으니 지은 것이 하나도 그가 없이는 된 것이 없느니라

2. 그리스도는 시험받는 자를 도우심

히 2:18, 자기가 시험을 받아 고난을 당하셨은즉 시험 받는 자들을 능히 도우시느니라
약 1:12, 시험을 참는 자는 복이 있도다 이것이 옳다 인정하심을 받은 후에 주께서 자기를 사랑하는 자들에게 약속하신 생명의 면류관을 얻을 것임이라
계 3:10, 네가 나의 인내의 말씀을 지켰은즉 내가 또한 너를 지키어 시험의 때를 면하게 하리니 이는 장차 온 세상에 임하여 땅에 거하는 자들을 시험할 때라
히 4:15, 우리에게 있는 대제사장은 우리 연약함을 체휼하지 아니하는 자가 아니요 모든 일에 우리와 한 결 같이 시험을 받은 자로되 죄는 없으시니라

3. 그리스도는 하나님께 나아가는 자를 도우심

히 7:25, 그러므로 자기를 힘입어 하나님께 나아가는 자들을 온전히 구원하실 수 있으니 이는 그가 항상 살아서 저희를 위하여 간구하심이니라

롬 8:34, 누가 정죄하리요 죽으실 뿐아니라 다시 살아나신 이는 그리스도 예수시니 그는 하나님 우편에 계신 자요 우리를 위하여 간구하시는 자시니라

히 2:17, 그러므로 저가 범사에 형제들과 같이 되심이 마땅하도다 이는 하나님의 일에 자비하고 충성된 대제사장이 되어 백성의 죄를 구속하려 하심이라

히 8:1, 이제 하는 말의 중요한 것은 이러한 대제사장이 우리에게 있는 것이라 그가 하늘에서 위엄의 보좌 우편에 앉으셨으니

행 4:12, 다른 이로서는 구원을 얻을 수 없나니 천하 인간에 구원을 얻을만한 다른 이름을 우리에게 주신 일이 없음이니라 하였더라

요 14:6, 예수께서 가라사대 내가 곧 길이요 진리요 생명이니 나로 말미암지 않고는 아버지께로 올 자가 없느니라

주 성령님의 놀라운 도우심의 역사로 승리하시기 바랍니다. 할렐루야

🎯 13. 치료의 하나님

> ♥ 막 6:56, 병자를 시장에 두고 예수께 그의 옷 가에라도 손을 대게 하시기를 간구하니 손을 대는 자는 다 성함을 얻으니라

♪ 주여 나의 병든 몸을 471장

1. 주여 나의 병든 몸을 지금 고쳐주소서 모든 병을 고쳐주마 주 약속하셨네 내가 지금 굳게 믿고 주님 앞에 구하오니 주여 크신 권능으로 곧 고쳐주소서
2. 나의 주님 뜻이라면 나를 고쳐주소서 머리 위에 기름 붓고 날 고쳐주소서 모든 것을 다 바치고 간구하는 나의 몸을 지금 주의 약속대로 곧 고쳐주소서
3. 주를 위해 살겠으니 나를 고쳐주소서 내게 속한 모든 것은 다 주의 것이니 성령이여 강림하사 능력 있는 손을 펴서 나의 몸을 어루만져 곧 고쳐주소서
4. 나의 병을 고쳐주심 내가 믿사옵니다 지금부터 영원토록 주 찬송 하겠네 나를 구원하신 말씀 어디든지 전하오리 나의 병을 고쳐 주심 참 감사합니다. 아멘

출 15:26, 너희가 너희 하나님 여호와의 말을 들어 순종하고 내가 보기에 의를 행하며 내 계명에 귀를 기울이며 내 모든 규례를 지키면 내가 애굽 사람에게 내린 모든 질병중 하나도 너희에게 내리지 아니 하리니 나는 너희를 치료하는 여호와 임이라.

말 4:2, 내 이름을 경외하는 너희에게는 공의로운 해가 떠올라서 치료하는 광선을 비추리니 너희가 나가서 외양간에서 나온 송아지 같이 뛰리라.

=왕하 5:1-14 〈아람 군대장관 나병환자 나아만의 고침받음〉

아람 왕의 군대장관인 나아만은 왕이 사랑하고 아끼던 사람이었습니다. 왜냐하면 여호와께서 그를 통해 아람이 승리하게 하셨기 때문입니다. 그는 강하고 용감한 사람이었지만 나병에 걸려 있었습니다.

아람 사람들이 전에 이스라엘에 쳐들어가서 어린 소녀 하나를 잡아온 일이 있었습니다. 이 소녀는 나아만 아내의 시중을 들었습니다. 그 소녀가 여주인에게 "주인님이 사마리아에 사는 예언자를 만나 보시면 좋겠습니다. 그 예언자는 주인님의 병을 고칠 수 있을 것입니다."

아람 왕이 이 소식을 듣고 편지를 써 주고 나아만도 은 십 달란트 가량과 금 육천 세겔과 옷 열 벌을 가지고 떠났습니다. 왕은 편지를 보고 옷을 찢었어요. "내가 하나님이 아닌데 어떻게 하겠는가?" 엘리사는 이 소식을 듣고 심부름하는 사람을 보내어,

"요단강으로 가서 일곱 번 씻으시오. 그러면 당신의 피부가 고침을 받아 깨끗해질 것이오."

나아만은 화가 나서 그곳을 떠나며 말했습니다.

"나는 적어도 엘리사가 밖으로 나와 내 앞에 서서 하나님의 이름을 부르며 병든 자리에 손을 얹고 고칠 줄 알았다."

나아만의 종들이 말했습니다.

"주인님 만약 저 예언자가 이보다 큰일을 말했다면 그대로 안 하겠습니까? 기껏해야 몸을 씻으라는 것뿐인데 못하시겠습니까?"

그리하여 나아만은 엘리사가 말한 대로 요단강에 몸을 일곱 번 담갔습니다.

그러자 나아만의 살결이 마치 어린아이의 살결처럼 깨끗해졌습니다.

치료의 하나님 출 15:26

하나님은 영, 혼, 육간에 건강을 원하십니다.
건강하여 하나님과 이웃을 위해 사는 것이 우리 할 일입니다.

=**치료의 역사는?**
-왕상 13:1-6, 회개로-여로보암 왕이 손이 말라 펴지 못하나 하나님의 사람이 은혜를 구하니 전과 같이 성하니라
-막 2:5, 친구의 믿음으로
-약 5:14-15, 교회 장로들의 기도로
-민 12:10-15, 중재 기도로
-시 107:20, 하나님 말씀으로
-마 12:10-13, 그리스도의 말씀
-요 4:46-53, 믿음으로
-빌 2:27, 하나님의 긍휼
-약 5:16, 서로 기도로

=**치료 받은 자**
-왕하 13:21, 어떤 시체의 회생〈엘리사의 뼈에 닿자〉
다니엘(단 8:27) 지쳐서 여러 날 앓다가 일어나 왕의 일을 보다
디모데(딤전 5:23), 드로비모(딤후 4:20), 바울(고후 12:7-10)
-마태복음에서
나환자(마 8:1-4), 백부장의 하인(마 8:5-13), 베드로의 장모(마 8:14-), 귀신 들린 자(마 8:28-), 중풍병자(마 9:1-), 회당장의 딸(마 9:18-), 소경과 벙어리(마 9:27-), 손 마른 자(마 12:9-), 가나안 여인의 딸(마 15:21-), 귀신에게 사로잡힌 아이(마 17:14-)

14. 반석의 하나님

> ♥ 시 18:2, 여호와는 나의 반석이시요 나의 요새시요 나를 건지시는 이시요 나의 하나님이시오

♪ 만세 반석 열린 곳에 386장

1. 만세반석 열린 곳에 내가 숨어 있으니
 원수 마귀 손 못 대고 환난풍파 없도다
2. 죄에 매여 죽을 인생 편히 쉬기 바라니
 주의 가슴 넓은 품에 내가 찾아 안기네
3. 이 땅 위에 평안 없고 기쁜 일을 몰라도
 주 예수의 참 사랑을 내가 이제 알았네
4. 험한 풍파 지나도록 순풍으로 도우사
 평화로운 피난처에 길이 살게 하소서
후렴) 만세 반석 열린 곳에 내가 편히 쉬리니
 나의 반석 구주 예수 나를 숨겨주소서. 아멘

사 26:4, 너희는 여호와를 영원히 신뢰하라 주 여호와는 영원한 반석이심이로다.

고전10:4, 다 같은 신령한 음료를 마셨으니 이는 그들을 따르는 신령한 반석으로부터 마셨으매 그 반석은 곧 그리스도시라.

우리의 영원한 반석이신 하나님!

=출 17:1-7 〈바위에서 솟은 물〉

르비딤에 진을 쳤지만 마실 물이 없었습니다. 그들은 모세에게 대들며 마실 물을 달라고 했습니다. 모세는 말하기를,
"왜 나에게 대드시오? 왜 여호와를 시험하시오?"
하지만 불평을 늘어놓았습니다.
"왜 우리를 애굽에서 데려왔소?
우리의 자식들과 가축들을 목말라 죽게 하려고 데려왔소?"

모세가 여호와께 부르짖었습니다. 여호와께서 말씀하셨습니다.
"이스라엘 백성 앞으로 나아가거라. 이스라엘의 장로들을 몇 사람 데리고 가거라. 그리고 지팡이를 가지고 가거라. 내가 시내산 바위 위에서 네 앞에 설 것이다. 지팡이로 그 바위를 쳐라.
그러면 거기에서 백성이 먹을 수 있는 물이 나올 것이다."
모세는 이스라엘의 장로들이 보는 앞에서 하나님께서 말씀하신대로 했습니다.
모세는 이스라엘 백성이 여호와께서 우리에게 함께 계신가 계시지 않는가 하고 여호와를 시험했음으로 그 곳의 이름을 맛사라고 불렀습니다.
그리고 백성이 다투었으므로 그 곳의 이름을 므리바라고도 불렀습니다.

반석의 하나님 사 26:4

반석의 하나님 외에 누구를 믿고 기대하며 바라리요.

첫째, 의뢰하지 말아야 할 것

① 인생을 의지하지 말아야 합니다. "너희는 인생을 의지하지 말라. 그의 호흡은 코에 있나니, 수에 칠 가치가 어디 있느뇨?"(사 2:22) 그러므로 수에 칠 가치가 없는 인생을 의지하지 말고, 어제나 오늘이나 영원토록 동일하신 하나님을 의지해야 합니다.
② 재물을 의지하지 말아야 합니다. "자기의 재물을 의지하는 자는 패망하려니와, 의인은 푸른 잎사귀 같아서 번성하리라."(잠 11:28) 재물은 사람의 영혼을 구원하지 못할뿐더러 재물만을 의지할 때 오히려 하나님으로부터 멀어지게까지 합니다.
③ 우상을 의지하지 말아야 합니다. "조각한 우상을 의뢰하며 부어 만든 우상을 향하여 너희는 우리의 신이라 하는 자는 물리침을 받아 크게 수치를 당하리라."(사 42:17) 여기에 보면 우상을 만들고 의지하는 자는 큰 수치를 당한다고 했습니다.
④ 자신을 의지하지 말아야 합니다. "우리 마음에 사형 선고를 받은 줄 알았으니, 이는 우리로 자기를 의뢰하지 말고, 오직 죽은 자를 다시 살리시는 하나님만 의뢰하게 하심이라."(고후 1:9)

둘째, 여호와를 의뢰하는 방법

① 예배를 드림으로 여호와를 의뢰해야 합니다. "의의 제사를 드리고 여호와를 의뢰할지어다."(시 4:5)
② 마음을 다하여 여호와를 의뢰해야 합니다. "너는 마음을 다하여 여호와를 의뢰하고, 네 명철을 의지하지 말라."(잠 3:5) 신명기 6:5에 보면 "너는 마음을 다하고 성품을 다하고 힘을 다하여 네 하나님 여

호와를 사랑하라."고 말씀했습니다.
③ 기도하며 여호와를 의뢰해야 합니다. "하나님이여, 나를 보호하소서내가 주께 피하나이다."(시 16:1)

셋째, 여호와를 의뢰한 자의 결과

① 마음에 즐거움이 있게 됩니다. "우리 마음이 저를 즐거워함이여, 우리가 그 성호를 의지한 연고로다."(시 33:21)
② 복을 받게 됩니다. "그러나 무릇 여호와를 의지하며 여호와를 의뢰하는 그 사람은 복을 받을 것이라."(렘 17:7)
③ 견고한 자가 됩니다. "여호와를 의뢰하는 자는 시온 산이 요동치 아니하고 영원히 있음 같도다."(시 125:1) 여호와를 의뢰하는 자는 견고하여 좌우로 흔들리지 않습니다.
④ 주께서 평강으로 지켜주십니다. "주께서 심지가 견고한 자를 평강에 평강으로 지키시리니, 이는 그가 주를 의뢰함이니이다."(사 26:3)

인생을 의지하지 말고, 정함이 없는 재물을 의지하지 말며, 자신과 하나님께서 가장 싫어하시는 우상을 의지하지 말고, 하나님께 신령과 진정으로 예배를 드리고, 마음을 다하고 기도함으로 영원히 여호와를 의뢰하여 심령의 기쁨을 누리고, 모든 일이 형통한 복을 받고, 견고하여 주께서 평강으로 지켜주시기를 축원합니다.

15. 찬송의 하나님

♥ 렘 17:14, 여호와여 주는 나의 찬송이시오니 나를 고치소서 그리하시면 내가 낫겠나이다. 나를 구원하소서 그리하시면 내가 구원을 얻으리이다

♪ **찬양하라 복되신 구세주 예수** 31장

1. 찬양하라 복되신 구세주 예수 백성들아 사랑을 전하세 경배하라 하늘의 천군과 천사 주님 앞에 영광을 돌리세 목자같이 우리를 지키시고 종일 품에 늘 안아주시니
2. 찬양하라 복되신 구세주 예수 우리 대신 죽임을 당했네 구주 예수 영원한 구원의 소망 경배하며 겸손히 절하세 찬양하라 우리 죄지신 예수 그의 사랑 한없이 크셔라
3. 찬양하라 복되신 구세주 예수 천사들아 즐겁게 찬양해 구주 예수 영원히 다스리시니 면류관을 주 앞에 드리세 구주 예수 세상을 이기시고 영광중에 또 다시 오시리

신 10:21, 그는 네 찬송이시오 네 하나님이시라. 네 눈으로 본 이 같이 크고 두려운 일을 너를 위하여 행하였느니라.

계 5:12, 큰 음성으로 이르되 죽임을 당하신 어린양은 능력과 부와 지혜와 힘과 존귀와 영광과 찬송을 받으시기에 합당하도다 하더라.

=출 15:1-11,18 <홍해를 건너고 모세와 백성이 여호와를 찬양하다>

그때에 모세와 이스라엘 백성이 여호와께 이 노래를 불렀습니다. 내가 여호와를 찬송하리라. 주님께서는 말과 말탄자를 바다에 쳐넣으셨도다. 여호와께서는 나의 힘 나의 노래시며 나의 구원이시라. 주님께서는 나의 하나님이시니 내가 주님을 찬양하리라. 내 아버지의 하나님이시니 내가 주님을 높이리라 … 여호와여 주의 오른손이 권능으로 영광을 나타내시며 여호와여 주의 오른손이 원수를 쳐부수셨습니다 … 여호와여 신들 가운데서 주와 같으신 분이 어디에 있겠습니까? 거룩하여 위엄이 넘치시는 주와 같으신 분이 어디에 있겠습니까? 찬송 받을 만한 위엄이 있으시고 기적을 일으키시는 주와 같으신 분이 어디에 있겠습니까? .. 여호와께서는 영원토록 다스리실 것입니다.

=계 19:1-5 <어린양의 혼인잔치의 찬송>

그 후에 나는 하늘에서 수많은 사람들이 부르는 노래를 들었습니다. "할렐루야! 구원과 영광 능력을 하나님께 돌려 드리자. 그분의 심판은 참되고 공평하다. 하나님께서는 이 땅을 음란으로 더럽힌 창녀를 심판하셨다. 하나님의 종들을 죽인 대가를 치르게 하신 것이다." 그들은 계속 찬송 하였습니다. "할렐루야! 그녀를 태우는 연기가 영원히 그치지 않을 것이다." … .

보좌에서 한 음성이 들렸습니다. "하나님을 섬기는 자들아 하나님을 찬양하라! 높은 자든지 낮은 자든지 그분께 영광 돌리는 모든 자들아 하나님을 찬양하라!"

찬송의 하나님 렘 17:14

하나님은 우리가 찬송으로 그에게 영광을 돌리라고 창조하셨습니다.
사 43:21-이 백성은 내가 나를 위하여 지었나니 나를 찬송하게 하려
함이니라

=찬송의 대상(누구에게 찬송할 것인가)
-창 14:20, 지극히 높으신 하나님께
-삼하 22:50, 주님께
-대하 7:6, 여호와를
-시 7:17, 지극히 높으신 여호와께
-시 9:2, 지극히 높으신 주
-시 69:30, 하나님의 이름을
-히 13:15, 하나님께
-계 5:12, 어린양에게

=왜 하나님께 찬송을 해야 되는가
-욥 1:21, 모든 것을 주시기도 하시고 취하시기도 하시기 때문에
-시 66:2, 그 이름이 영광스럽기 때문에
-시 63:3, 주의 인자가 생명보다 나은즉
-시 111:10, 경외 받기에 합당하기 때문에
-시 135:3, 선하시니
-출 15:2, 우리의 힘이 되기 때문에
-엡 1:6, 그저 주신 은혜 때문에
-빌 1:11, 열매가 가득하기 때문에

=어떻게 찬송할 것인가
-대상 16:25, 극진히
-시 35:28, 종일토록

-시 65:1, 주를 잠잠히 바라면서
-시 100:4, 감사함으로
-시 108:1, 심령으로
-고전 14:15, 영으로
-엡 5:19, 신령한 노래로
-약 5:13, 즐거워함으로

=어느 때 찬송할 것인가
1) 도움을 받았을 때(출 15:2-구원을 받았을 때, 삼하 22:4-원수에게 승리했을 때, 시 13:6- 후대 받았을 때, 시 98:1 구원을 베풀어주실 때. 눅 1:68 - 속량해 주실 때, 행 3:8-병을 고쳤을 때)
2) 어려울 때(수 6:16-전쟁 시, 대하 20:22-전쟁을 앞에 두고, 시 74:21-가난할 때에도, 마 26:30-십자가 지고 가면서도, 행 16:25-감옥에서도)
3) 범사에(시 34:1-늘 찬송, 시 71:8-종일토록, 시 63:4-살아 있는 동안에, 시 61:8-영원히, 시 104:33-죽을 때까지)

=찬송하는 자의 결과
-욥 1:21, 영광이 하나님께 돌아감
-시 22:26, 마음이 영원히 살찌게 됨
-시 56:4, 두려움이 없어짐
-욜 2:26, 영원히 수치를 당치 아니함
-행 16:25-30, 바울과 실라가 차꼬에 매여 기도하고 찬송하니 죄수들이 듣더라고 했습니다.

16. 의의 하나님

♥ 시 145:7, 그들이 주의 크신 은혜를 기념하여 말하며 주의 의를 노래하리이다

♪ **이 세상 험하고**-263장

1. 이 세상 험하고 나 비록 약하나
 늘 기도 힘쓰면 큰 권능 얻겠네
2. 주님의 권능은 한없이 크오니
 돌 같은 내 마음 곧 녹여주소서
3. 내 맘이 약하여 늘 넘어지오니
 주 예수 힘 주사 굳세게 하소서
4. 죄 사함받은 후 새사람 되어서
 주 앞에 서는 날 늘 찬송하겠네
후렴) 주의 은혜로 대속하여서 피와 같이
 붉은 죄 눈같이 희겠네. 아멘

시편 4:1, 내 의의 하나님이여 내가 부를 때에 응답하소서 곤란 중에 나를 너그럽게 하셨사오니 내게 은혜를 베푸사 나의 기도를 들으소서.

딤후 4:8, 이제 후로는 나를 위하여 의의 면류관이 예비 되었으므로 주 곧 의로우신 재판장이 그날에 내게 주실 것이며 내게만 아니라 주의 나타나심을 사모하는 모든 자에게도니라.

=창 15:3- ⟨여호와께서 아브람이 믿으니 의로 보시고 언약하시다⟩

여호와께서 아브람에게 "그 아이는 네 재산을 물려받을 사람이 아니다. 네 몸에서 태어나는 자가 네 재산을 물려받게 될 것이다."

하나님께서 아브람을 밖으로 데리고 나가서 "하늘을 바라보아라 셀 수 있으면 저 별들을 세어 보아라 네 자손들도 저 별처럼 많아지게 될 것이다."

아브람은 여호와의 말씀을 믿었습니다. 그런즉 여호와께서는 이런 아브람의 믿음을 보시고 아브람을 의롭게 여기셨습니다.

=롬 5:12-18 ⟨아담의 죄와 예수님의 의⟩

그러므로 한 사람을 통해 죄가 세상에 들어왔고 그 죄를 통해 사망이 들어온 것처럼 모든 사람이 죄를 지었으므로 사망이 모든 사람에게 이르렀습니다.

하나님께서 주신 은혜는 아담이 지은 죄와 비교가 되지 않습니다. 많은 사람이 그 한 사람의 죄 때문에 죽었다면 한 사람 예수 그리스도의 은혜로 인한 하나님의 은혜와 선물은 많은 사람에게 더욱 넘쳤습니다.

또한 하나님의 선물과 아담의 죄는 차이가 있습니다. 한 사람의 죄 때문에 심판이 오게 되고 모든 사람을 정죄에 이르게 했으나 하나님의 은혜의 선물은 많은 범죄 때문에 오게 되어 많은 사람에게 의롭다 함을 받게 하였습니다.

그러므로 한 사람의 범죄 때문에 모든 사람이 죄인이 되었지만 한 사람의 의로운 행동 때문에 모든 사람에게 생명을 낳게 하는 의로움이 발생했습니다.

의의 하나님 시 4:1

하나님을 의지해야 삽니다. 사랑하는 여러분, 우리를 죄와 세상에서 구원하여 주실 분은 오직 하나님 한 분 밖에는 없으십니다. 하나 밖에 없는 귀한 여러분의 생명과 인생을 천지를 창조하시고 우리를 우리보다 더 사랑하시는 하나님만 의지합시다

하나님을 의지하기 위하여 우리가 하여야 할 일은 하나 밖에 없습니다. 그것은 의의 제사를 드리는 것입니다. 그리하면 하나님은 우리에게 다음과 같은 복을 주십니다.

첫째, 기쁨을 주십니다.

그 기쁨은 곡식과 새 포도주가 풍성할 때보다 더 한 것이라고 우리들에게 말씀하여 주고 계십니다. 세상은 혹시 잠시라도 곡식과 새 포도주를 우리에게 풍성하게 해 줄 수 있습니다. 그것이 주는 기쁨도 만만치 않습니다.

그러나 하나님으로 자기 하나님을 삼고 하나님께 승부를 거는 자에게 하나님이 주시는 기쁨은 그것과 비교할 수 없는 것이라 하셨습니다. 그러니 그와 같은 복을 우리가 받게 된다면 곡식과 새 포도주의 풍성함은 있으면 좋은 것이고 없다고 문제 될 것은 없는 것이 되어 버리고 말 것입니다. 그것과 관계없이 우리는 항상 기뻐하는 천국의 삶을 살게 될 것입니다.

둘째, 평안을 주십니다.

그것은 세상이 주는 것과 같지 않습니다. "평안을 너희에게 끼치노니 곧 나의 평안을 너희에게 주노라. 내가 너희에게 주는 것은 세상이 주는 것과 같지 아니하니라. 너희는 마음에 근심하지도 말고 두려워하지도 말라."(요 14:27)

본문에서 우리에게 주시는 하나님의 말씀은 이것입니다.

〈의의 제사를 드리고 여호와를 의지할지어다.〉(5절)
〈너희는 떨며 범죄 하지 말지어다.〉(4절)
〈주께서 내 마음에 두신 기쁨은 그들의 곡식과 새 포도주가 풍성할 때보다 더하니이다.〉(7절)
〈내가 평안히 눕고 자기도 하리니 나를 안전히 살게 하시는 이는 오직 여호와이시니이다.〉(8절)

〈참고〉
=하나님의 의
성도의 의가 되심(렘 33:16)
의로 허리띠를 삼으심(사 11:5)
의를 가깝게 하심(사 46:13)
모든 의를 이루심(마 3:15)
성도에게 의를 더하심(사 61:10)
의로 심판하심(사 11:4)

🔷 17. 능력의 하나님

> ♥ 신 9:29, 그들은 주의 큰 능력과 펴신 팔로 인도하여 내신 주의 백성 곧 주의 기업이로소이다 하였노라

♪ **오 놀라운 구세주** 391장

1. 오 놀라운 구세주 예수 내 주 참 능력의 주시로다
   큰 바위 밑 안전한 그곳으로 내 영혼을 숨기시네
2. 오 놀라운 구세주 예수 내 주 내 모든 짐 벗기시네
   죄악에서 날 끌어 올리시며 또 나에게 힘 주시네
3. 측량 못할 은혜로 채우시며 늘 성령의 감화 주사
   큰 기쁨 중 주님을 찬양토록 내 믿음을 도우시네
4. 주 예수님 공중에 임하실 때 나 일어나 맞이하리
   그 구원의 은총을 노래하리 저 천군과 천사 함께
후렴) 메마른 땅을 종일 걸어가도 나 피곤치 아니하며 저 위험한 곳
   내가 이를 때면 큰 바위에 숨기시고 주 손으로 덮으시네.

시 27:1, 여호와는 나의 빛이요 나의 구원이시니 내가 누구를 두려워하리요 여호와는 내 생명의 능력이시니 내가 누구를 무서워하리요.

롬 1:20, 창세로부터 그의 보이지 않는 것들 곧 그의 영원하신 능력과 신성이 그가 만드신 만물에 분명히 보여 알려졌나니 그러므로 그들이 핑계하지 못할지니라.

=출 4:2-7 〈여호와께서 모세에게 능력을 주시다〉

여호와께서 모세에게 말씀하기를, "네 손에 있는 것이 무엇이냐?" 제 지팡이입니다. "그것을 땅에 던져라." 모세가 던지자 뱀이 지팡이가 되었습니다. 모세가 뱀을 피해 달라나자 여호와께서 말씀하시기를 "손을 펴서 뱀의 꼬리를 붙잡아라. 모세는 꼬리를 붙잡았더니 뱀이 지팡이가 되었습니다.

주님께서 말씀하시기를, "이런 일이 일어나면 이스라엘 백성은 그들의 조상의 하나님 곧 아브라함의 하나님 이삭의 하나님 야곱의 하나님이신 여호와께서 너에게 나타났다는 것을 믿을 것이다."

여호와께서 또 모세에게 말씀하시기를 "네 손을 옷안에 넣어보아라." 손을 넣었다 빼보니 손에 나병이 생겨서 눈처럼 하얗게 되었습니다.

주님께서 말씀하시길, "이제 손을 옷안에 다시 넣어보아라" 그래서 넣었다 빼보니 손이 그전처럼 깨끗해졌습니다.

=마 14:15-20 〈오천 명을 먹이신 예수님〉

저녁이 되자 제자들이 와서 말하기를 "이곳은 외딴 곳이고 시간도 늦었습니다. 사람들을 보내어 마을에 가서 먹을 것을 사도록 하는 게 좋겠습니다. 예수님이 대답하시기를 "갈 필요가 없다. 너희가 그들에게 먹을 것을 주어라." 제자들이 대답했습니다. "우리가 가진 것이라고는 빵 다섯 개와 생선 두 마리 뿐입니다." 예수님이 말씀 하시기를 "그것들을 내게 가져 오너라."

사람들을 풀밭에 앉게 하신 후 예수님은 빵과 물고기를 손에 들고 하늘을 바라보며 감사 기도를 드리셨습니다. 그 다음에 제자들에게 떼어 주셨고 제자들은 그것을 사람들에게 나누어 주었습니다. 모든 사람들이 먹고 배가 불렀습니다. 먹고 남은 조각을 거두었더니 열두 바구니에 가득 찼습니다.

능력의 하나님 시 27:1

능력의 하나님으로 우리의 삶은 능력으로 되어 갑니다.
능력 있는 그리스도인의 삶이란 무엇입니까?

첫째, 기쁨이 있는 삶입니다.

참된 기쁨을 소유하기를 원하십니까? 기쁨에는 두 가지가 있습니다. 하나는 세상적인 기쁨이요, 하나는 하늘로부터 오는 기쁨입니다.
세상의 기쁨은 육신의 기쁨을 말합니다. 세상의 기쁨은 환경에 따라서 변하는 외적인 기쁨입니다. 맑은 날은 기쁘고 흐린 날은 슬프고, 건강하면 기쁘고, 병들면 슬퍼집니다. 젊을 때는 기쁠지 몰라도 늙어지면 슬퍼집니다. 세상의 기쁨은 일시적인 기쁨이요, 잠깐 있다가 없어지는 기쁨입니다.
그러나 하늘로부터 오는 기쁨은 다릅니다.
시편 기자는 이렇게 노래합니다. "주께서 내 마음에 두신 기쁨은 저희의 곡식과 새 포도주의 풍성할 때보다 더하니이다."(시 4:7)
요 14:27, 나의 평안을 너희에게 주노라 내가 너희에게 주는 것은 세상이 주는 것 같지 아니하니라
주님이 주시는 기쁨과 평안은 세상이 주는 것과 같지 않습니다.
왜? 주님이 주시는 기쁨은 영혼의 기쁨이요, 생명의 기쁨이요, 영원한 기쁨이기 때문입니다.
바울은 우리에게 영혼의 기쁨을, 영원한 기쁨을 말하고 있습니다. "주 안에서 항상 기뻐하라."

둘째, 현실을 이겨내는 삶입니다.

빌 4:11에서 바울은 이렇게 말합니다.
"어떠한 형편에든지 내가 자족하기를 배웠노니"

"내가 궁핍함으로 말하는 것이 아니라 어떠한 형편에 처하든지 내가 자족하기를 배웠노니 내가 비천에 처할 줄도 알고 풍부에 처할 줄도 알아 모든 일에 배부르며 배고픔과 풍부와 궁핍에도 일체의 비결을 배웠노라."

셋째, 무한한 가능성이 있는 삶입니다.

"내게 능력 주시는 자 안에서 내가 모든 것을 할 수 있느니라."
내가 모든 것을 할 수 있다는 말은 직접적으로는 풍부한 삶이나 궁핍한 삶이나 모두 적응할 수 있다는 표현이지만, 더 나아가서는 주님과 동행하는 삶 속에서 얻은 무한하신 하나님의 능력이 함께 하기에 능력 있는 삶을 살 수 있음을 표현한 것입니다.
저와 여러분 위에 능력이 넘칠지어다!

히브리서 11장은 '믿음의 장'으로 불리어집니다. 위대한 신앙의 사람들의 행적들을 이야기하면서 그들이 세상에서 믿음으로 인해 겪었던 수많은 고난들을 이야기할 때 "이런 사람은 세상이 감당치 못한다"(히 11:38)고 말합니다.
아무리 어려운 상황에도 아버지가 함께 있기에 전혀 어렵지 않게 모든 것을 이겨냈던 영화의 주인공처럼 하나님이 함께 해 주시기에 아무것도 염려하지 않고 늘 주 안에서 기뻐할 수 있는 삶, 그것이 능력 있는 그리스도인의 삶입니다.

18. 복의 하나님

♥ 창 1:28, 하나님이 그들에게 복을 주시며 하나님이 그들에게 이르시되 생육하고 번성하여 땅에 충만하라 땅을 정복하라 바다의 물고기와 하늘의 새와 땅에 움직이는 모든 생물을 다스리라 하시니라

♪ **복의 근원 강림하사** 28장

1. 복의 근원 강림하사 찬송하게 하소서 한량없이 자비하심 측량할 길 없도다 천사들의 찬송가를 내게 가르치소서 구속하신 그 사랑을 항상 찬송합니다
2. 주의 크신 도움받아 이때까지 왔으니 이와 같이 천국에도 이르기를 바라네 하나님의 품을 떠나 죄에 빠진 우리를 예수 구원하시려고 보혈 흘려주셨네
3. 주의 귀한 은혜받고 일생 빚진자 되네 주의 은혜 사슬되사 나를 주께 매소서 우리 맘은 연약하여 범죄하기 쉬우니 하나님이 받으시고 천국인을 치소서. 아멘

신 33:23, 납달리에 대하여는 일렀으되 은혜가 풍성하고 여호와의 복이 가득한 납달리여 너는 서쪽과 남쪽을 찾이할지로다.

말 3:10, 만군의 여호와가 이르노라. 너희의 온전한 십일조를 창고에 들여 나의 집에 양식이 있게 하고 그것으로 나를 시험하여 내가 하늘 문을 열고 너희에게 복을 쌓을 곳이 없도록 붓지 아니하나보라.

딤전 6:15, 기약이 이르면 하나님이 그의 나타나심을 보이시리니 하나님은 복되시고 유일하신 주권자시며 만왕의 왕이시며 만주의 주시오.

=신 28:2-8 〈하나님께 순종할 때 많은 복을 주심〉

"여러분은 하나님 여호와께 온전히 복종하시오 여호와의 모든 명령을 부지런히 지키시오 그러면 하나님께서 땅 위의 어떤 민족보다 더 크게 해주실 것이오

하나님 여호와께 복종하시오 그러면 이 모든 복이 여러분에게 찾아올 것이오 성읍에서도 복을 받고 들에서도 복을 받을 것이오

여러분의 자녀와 땅의 열매가 복을 받을 것이고 여러분의 짐승의 새끼도 복을 받아 소와 양이 늘어날 것이오

여러분의 광주리와 반죽 그릇이 복을 받을 것이오 여러분이 들어가거나 나가거나 어디를 가든지 복을 받을 것이오

또 여러분은 적을 이길 수 있게 해 주실 것이오 그들은 한 길로 쳐들어와서 일곱 길로 도망갈 것이오

하나님 여호와께서 복을 주셔서 창고가 가득 차게 해 주실 것이고 여러분이 하는 모든 일과 너희 하나님 여호와께서 여러분에게 주신 모든 땅에 복을 주실 것이오

하나님 여호와의 명령을 지키고 원하는 대로 산다면 약속하신대로 여호와의 거룩한 백성으로 삼으실 것이오."

하나님께 순종함으로 사랑을 받습니다.
예수님께 순종함으로 은혜를 받습니다.
성령님께 순종함으로 능력을 받습니다.

복의 하나님 **딤전 6:15**

=영적인 복
 -시 32:1, 사죄의 복-허물의 사함을 받고 자신의 죄가 가려진 자는 복이 있도다.
 영생의 복(시 133:3), 평강의 복(민 6:26), 구원의 복(슥 9:16), 하나님의 아들들 복(마 5:9), 천국을 소유함(마 5:3), 기쁘고 즐거운 복(시 21:6)

=하늘의 복은?
 신 6:24, 여호와께서 항상-하나님 여호와를 항상 경외하여 항상 복을 누리게 하기 위하심이며.
 일곱째 날에(창 2:3), 여호와가 모든 일에(신 2:7), 주께서 모든 소유물에(욥 1:10), 징계 중에서도(욥 5:17), 범사에(창 24:1), 하나님께서 장마비처럼(겔 34:26), 아버지께서(엡 1:30)

=누가 복을 받는가?
 여호와를 섬기는 자(출 23:25), 여호와의 명령을 지키는 자(신 4:40), 부모를 공경하는 자(신 5:16), 말씀에 순종하는 자(신 28:2), 교훈하심을 받는 자(시 94:12), 의를 행하는 자(시 106:3), 그 도를 행하는 자(시 128:1), 율법을 지키는 자(잠 29:18), 여호와를 경외하는 자(시 115:13), 여호와께 소망을 두는 자(시 146:5), 의지하는 자(잠 16:20), 은혜를 기다리는 자(사 30:18)

🔷 19. 만왕의 왕이신 하나님

> ♥ 시편 72:11, 모든 왕이 하나님 앞에 부복하며 모든 민족이 다 그를 섬기리로다

♪ **전능왕 오셔서** 10장

1. 전능왕 오셔서 주 이름 찬송케 하옵소서
   영광과 권능의 성부여 오셔서 우리를 다스려 주옵소서
2. 강생한 성자여 오셔서 기도를 들으소서
   택하신 백성들 복 내려주시고 거룩한 마음을 주옵소서
3. 위로의 주 성령 오셔서 큰 증거 주옵소서
   전능한 주시여 각 사람 맘에서 떠나지 마시고 계십소서
4. 성 삼위 일체께 한없는 찬송을 드립니다
   존귀한 주님을 영강중 뵈옵고 영원히 모시게 하옵소서. 아멘

딤전 6:15, … 하나님은 복되시고 유일하신 주권자이시며 만왕의 왕이시며 만주의 주시오.

계 17:14, 그들이 어린양과 더불어 싸우려니와 어린양은 만주의 주시오 만왕의 왕이시므로 그들을 이기실 것이요 또 그와 함께 있는 자들 곧 부르심을 받고 택하심을 받은 진실한 자들도 이기리로다.

만왕의 왕을 믿는 자의 은혜가 어떨까요?

=창 14:1-11 <아브람이 네 왕에 붙잡힌 롯을 구하다>

5왕(소돔, 고모라, 아드마, 스보임, 소알)과 5왕(엘람, 고임, 시날, 엘라살, 아리옥)과 맞섰습니다. 싯딤 골짜기에서 소돔, 고모라 왕이 달아날 때 역청 구덩이에 빠지고 또 산으로 도망하고 네 왕이 소돔과 고모라의 모든 재물과 양식을 빼앗아가고 아브람의 조카 롯도 사로잡고 재물까지 노략해감. 아브람이 이 소식을 듣고 집에서 훈련된 318명을 거느리고 쫓아가 빼앗겼던 재물과 롯과 재물과 부녀와 친척을 다 찾아왔어요.

=마 25:31-40 <예수님이 천사와 함께 올 때 모든 민족 심판>

예수님이 모든 천사와 함께 영광 가운데 다시 와서 영광의 보좌에 앉을 것이다. 그 때에 세상 모든 나라가 그 앞에 모일 것이며 목자가 양과 염소를 구분 하듯이 인자도 사람들을 나눌 것이다. 인자는 자신의 오른쪽에는 양을 왼쪽에는 염소를 둘 것이다.

그 때 왕이 오른쪽에 있는 사람들에게 말할 것이다. "내 아버지로부터 복을 받은 너희들이여 와서 세상이 만들어질 때부터 하나님께서 너희를 위해 준비하신 나라를 물려받아라. 내가 배가 고플 때, 너희는 내게 먹을 것을 주었다. 내가 목마를 때, 너희는 마실 것을 주었다. 내가 나그네로 있을 때 너희는 나를 초대해 주었다. 내가 헐벗었을 때, 너희는 내게 옷을 입혀주었다. 내가 아플 때, 너희는 나를 돌보아 주었다. 내가 감옥에 갔을 때, 너희는 나를 찾아 주었다."

언제 이렇게 하였습니까? "내가 너희에게 진정으로 말한다. 보잘 것 없는 사람에게 한 일, 곧 너희가 이 형제들 중 가장 보잘 것 없는 사람에게 한 일이 곧 나에게 한 것이다."

만왕의 왕이신 하나님 딤전 6:15

사도 바울은 이 선언을 통해서 하나님이 얼마나 위대하신 분인가를 드러내고 있습니다.

'복되신 분'이시고, '그 무엇과도 견줄 수 없는 홀로 한분이신 전능자'이시고, '만왕의 왕'이시고, '만주의 주'가 되시는 하나님이라는 것입니다. 유일하게 '죽거나 소멸하지 아니하시는 분'이요, '가까이 가지 못할 빛에 거하시는 분'이기에 아무 사람도 보지 못했고 또 볼 수도 없는 존귀한 분'이라고 고백합니다.

그런데 이것은 성부 하나님에 대한 표현이자 성자 그리스도에 대한 표현이기도 합니다.

계 17:14에 보면, 사도 요한도 바울 사도와 똑같은 고백을 합니다. "저희가 어린 양으로 더불어 싸우려니와 어린 양은 만주의 주시요 만왕의 왕이시므로 저희를 이기실 것이라 …"

계 19:16에서는 "그 옷과 그 다리에 이름 쓴 것이 있으니 만왕의 왕이요 만주의 주라 하였더라 …"

'만왕의 왕이시며 만주의 주가 되시는 예수 그리스도..'
이것이 바로 성경이 증거하는 주님의 정체입니다. 예수님은 만왕의 왕이시고 만주의 주가 되시는 분이십니다.
이것을 이 땅의 표현을 빌려 말하자면, 오늘 우리 시대의 용어로 표현하자면 '대통령 중의 대통령이다' 뭐 그런 뜻이 되겠습니다. 가장 높임을 받아야 하실 그런 분이라는 겁니다.

그러나 우리 그리스도인들의 삶의 척도가 무엇입니까? 바로 예수 그리스도십니다. 우리가 그분을 우리 삶의 척도삼고 오늘과 내일을 살아가야할 이유는 그분은 다시 오셔서 우리의 생을 평가하실 분이시기 때문입니다.

사도는 15절에서 "기약이 이르면 하나님이 그의 나타나심을 보이실 것"이라고 말합니다.

" … 하나님은 복되시고 유일하신 주권자이시며 만왕의 왕이시오 만주의 주시요"라고 말했습니다.

그러므로 "우리 주 예수 그리스도 나타나실 때까지 점도 없고 책망 받을 것도 없이 이 명령을 지키라."(14절)고 당부합니다.

주님은 '죽지 아니하시는 분'이십니다. '인간이 감히 가까이 가지 못할 빛에 거하시는 분'이십니다. '아무 사람도 보지 못하였고 또 볼 수도 없는 존귀한 분'이십니다. 그런데 그런 분이 이 땅에 오셨습니다. 스스로 인간의 육신을 입고 이 땅에 내려오셨습니다. 그래서 인간이 되셔서 인간 세상에 당신을 보이고 사시다가 죽으셨습니다.

'만왕의 왕', '만주의 주'가 되신 분이 이 땅에 오셔서 아주 평범한 한 인간으로, 아니 가장 약한 자의 모습으로 살아가신 겁니다.

이것이 바로 복음 아니겠습니까?

뵐 수도 없고 만날 수도 없는 분을 우리가 만나게 되고 뵙게 되는 바로 이것이 기쁜 소식 아니겠습니까?

만왕의 왕을 자녀(백성, 종)로써 귀히 섬기시는 은혜가 늘 함께 하시기를 기원합니다.

20. 승리의 하나님

> ♥ 대상 18:6, 다윗이 다메섹 아람에 수비대를 두매 아람 사람이 다윗의 종이 되어 조공을 바치니라 다윗이 어디로 가든지 여호와께서 이기게 하시니라

♪ **우리들이 싸울 것은** 350장

1. 우리들이 싸울 것은 혈기 아니오 우리들이 싸울 것은 육체 아니오 마귀 권세 맞서 싸워 깨쳐버리고 죽을 영혼 살릴 것일세
2. 우리들이 입은 갑옷 쇠가 아니오 우리들이 가진 검은 강철 아니오 하나님께 받아 가진 평화의 복음 거룩하신 말씀이로다
3. 악한 마귀 제아무리 강할지라도 우리들의 대장 예수 앞서가시니 주저 말고 용감하게 힘써 싸우세 최후 승리 얻을 때까지
4. 죄악 중에 빠진 사람 죄를 뉘우쳐 십자가에 달린 예수 믿기만 하면 위태한 데 빠진 영혼 구원 얻어서 천국 백성 될 것임일세

후렴) 한마음으로 힘써 나가세 한마음으로 힘써 싸우세
   악한 마귀 군사들과 힘써 싸워서 승전고를 울리기까지

시 9:19, 여호와여 일어나사 인생으로 승리를 얻지 못하게 하시며 이방 나라들이 주 앞에서 심판을 받게 하소서.

고전 15:57, 우리 주 예수 그리스도로 말미암아 우리에게 승리를 주시는 하나님께 감사 하노니

=창 32:21-28 〈야곱이 브니엘에서 씨름을 할 때 하나님이 승리 주시다〉

야곱은 에서에게 먼저 선물을 보냈고 그 날 밤은 천막에서 보냈습니다. 그날 밤 야곱은 자리에서 일어나 두 아내와 두 여종과 열한 명의 아들을 데리고 얍복강 나루를 건넜습니다. 자기 재산도 다보내고 홀로 남았습니다.

어떤 사람이 와서 야곱과 밤새도록 씨름을 했습니다. 그 사람은 야곱과 이길 수 없다는 것을 알고 야곱의 엉덩이뼈를 쳐서 뼈를 어긋나게 만들었습니다. 그 사람이 야곱에게 말하기를 "날이 새려고 하니 나를 놓아다오."

하지만 야곱은 말하길 "저에게 복을 주시지 않으면 보내 드릴수 없습니다." 네 이름이 무엇이냐? 야곱이 대답하니 그 사람이 "네 이름은 이제부터 야곱이 아니라 이스라엘이다. 네가 하나님과 씨름했고 사람과도 씨름해서 이겼기 때문이다."

=고전 15:54 〈예수님으로 승리를 주시는 하나님께 감사드리다〉

이 썩을 것이 썩지 아니함을 입고 이 죽을 것이 죽지 아니함을 입을 때에는 사망을 삼키고 이기리라고 기록된 말씀이 이루어지리라.

사망아 너의 승리가 어디에 있느냐 사망아 너의 쏘는 것이 어니 있느냐.

우리 주 예수 그리스도로 말미암아 우리에게 승리를 주시는 하나님께 감사합니다.

승리의 하나님 고전 15:57

=무엇을 승리할 것인가
- 행 19:16, 마귀를 이겨야 할 것-악귀들린 사람이 그들에게 뛰어 올라 눌러 이기니 그들이 상하여 벗은 몸으로 그 집에서 도망하는지라
- 요 16:33, 세상을 승리해야 함
- 롬 8:35, 환난, 곤고, 핍박, 기근, 적신, 위험에서(롬 12:21-악에게서)
- 요일 2:14, 흉악한 자를

=모든 일에 승리하려면
- 고전 9:25, 모든 일에 절제함으로
- 고전 15:57, 그리스도로 말미암아
- 딤전 6:11, 의와 경건으로
- 롬 12:21, 선으로
- 딤 6:9, 부하려 하지 아니함으로
- 요일 4:4 하나님께 속하여야(요일 5:4-하나님께로 난 자, 요일 2:14-하나님의 말씀으로)
- 요일 5:4, 우리의 믿음으로

=승리함으로 얻어지는 것
- 고전 15:55, 사망을 지배하게 됨-사망아 너의 승리가 어디 있느냐 사망아 네가 쏘는 것이 어디 있느냐
- 고전 9:25, 썩지 아니하는 면류관을 얻음(딤전 6:12-영생을 취하게 됨, 벧후 2:19-진 자를 지배하게 됨)
- 계 2:7, 낙원에서 생명 과실을 먹음(계 2:17-만나와 흰돌을 얻게 됨, 계 3:5-생명책에서 흐리지 않음, 계 21:7-하늘나라를 유업으로)

🔷 21. 거룩의 하나님

> ♥ 레 11:44, 나는 여호와 너희의 하나님이라 내가 거룩하니 너희도 몸을 구별하여 거룩하게 하고 땅에 기는 길짐승으로 말미암아 스스로 더럽히지 말라

♪ **거룩 거룩 거룩 전능하신 주님** 8장

1. 거룩 거룩 거룩 전능하신 주님 이른 아침 우리 주를 찬송합니다
   거룩 거룩 거룩 자비하신 주님 성 삼위일체 우리 주로다
2. 거룩 거룩 거룩 주의 보좌 앞에 모든 성도 면류관을 벗어드리네
   천군 천사 모두 주께 굴복하니 영원히 위에 계신 주로다
3. 거룩 거룩 거룩 주의 빛난 영광 모든 죄인 눈 어두워 볼수 없도다
   거룩하신 이가 주님밖에 없네 온전히 전능하신 주로다
4. 거룩 거룩 거룩 전능히신 주님 천지 만물 모두 주를 찬송합니다
   거룩 거룩 거룩 전능하신 주님 성 삼위일체 우리 주로다. 아멘

삼상 6:20, 벧세메스 사람들이 이르되 이 거룩하신 하나님 여호와 앞에 누가 능히 서리요. 그를 우리에게서 누구에게로 올라가시게 할까하고
벧전 1:15, 오직 너희를 부르신 거룩한 이처럼 너희도 모든 행실에 거룩한 자가 되라.

자녀 된 우리는 마땅히 아버지의 거룩함을 닮고 살아야 되죠.
오직 성령으로!

=출 19:1-8
〈이스라엘 자손이 시내산에서 언약지키는 거룩한 나라되라 하심〉

애굽을 떠난 지 꼭 석달만에 이스라엘 백성은 시내 광야에 이르렀습니다. 이스라엘 백성은 르비딤을 떠나 시내 광야에 이르러, 시내 산 맞은편 광야에 천막을 쳤습니다.

모세는 하나님을 만나러 산으로 올라갔습니다.

여호와께서 산에서 모세를 불러 말씀하셨습니다.

"야곱 자손들에게 말하여라.

이스라엘 백성에게 전하여라.

너희 모두는 내가 애굽 백성에게 한 일을 다 보았다.

그리고 독수리 날개로 새끼들을 실어 나르듯 내가 너희를 어떻게 나에게 데리고 왔는가도 보았다.

그러므로 이제 너희가 내 목소리를 듣고 내 언약을 지키면 너희는 모든 백성 중에서 나의 보물이 될 것이다.

온 땅의 백성이 다 내게 속하였지만 너희는 내게 제사장 나라와 거룩한 백성이 될 것이다.

너는 이 말을 이스라엘 백성에게 전하여라."

그리하여 모세는 산 아래로 내려가서 백성의 장로들을 모아놓고 여호와께서 말씀하신 모든 것을 더 전하였습니다.

그러자 모든 백성이 한 목소리로 대답했습니다. "우리는 여호와께서 말씀하신 그대로 다 하겠습니다."

모세는 백성들의 말을 여호와께 알렸습니다.

거룩의 하나님 벧전 1:15

"내가 거룩하니 너희도 거룩할 지니라"(16절)는 말씀은 하나님의 명령 중 가장 강한 명령입니다.

=거룩함의 의미

거룩함이란, 히브리어의 '자르다', '표시하다'라는 말에서 왔습니다. 이것은 '구분하다', '구별한다', '갈라놓는다'는 등의 의미가 있습니다.

거룩함이란 하나님과 같은 생각을 갖는 습관입니다. 하나님의 말씀대로 사는 것입니다. 빌 4장 8절에서, "참되며, 경건하며, 옳으며, 정결하며, 사랑할 만하며, 칭찬할만하며, 무슨 덕이 있든지 기림이 있던지 이것들을 생각하라." 이것이 거룩한 모습입니다. 하나님의 판단에 동의하며, 하나님이 싫어하는 것을 싫어하며, 하나님이 사랑하는 것을 사랑하며, 하나님과 전적으로 동의하는 것이 거룩함 입니다.

거룩한 사람은 주 예수 같이 되려고 합니다. 그리스도의 마음을 지니고(빌 2:5), 그리스도의 형상을 본받으려 하며(롬 8:28), 그리스도의 자취를 따라가고자 합니다.(벧전 2:21)

=거룩함이 중요한 이유는 무엇입니까?

거룩함이 우리를 구원합니까? 내가 거룩함으로 하나님께 빚을 갚는 것입니까? 아닙니다. 우리의 의는 문둥병환자의 옷처럼 더러운 옷과 같다고 말했습니다. 율법의 행위로는 의롭다함을 얻을 육체가 하나도 없습니다. 구원은 하나님의 은혜며 선물입니다.(엡 2:8, 9)

그렇다면 왜 거룩함이 중요합니까?

① 하나님께서 그 말씀에 명하신 것이기 때문입니다.

"아버지의 온전하심과 같이 너희도 온전하라"(마 5:48)고 말씀하셨으며, 하나님의 뜻은 우리의 거룩함이라고 말씀하시며, 곧 음란을 버리라(살전 4:3)고 말씀하시고 있습니다.

② 또한 거룩함은 다른 사람에게 유익이 되기 때문입니다.

벧전 3장 1절, "그 아내의 행위로 말미암아 구원을 얻게 함이니라"는 말이 있습니다. 거룩한 아내의 삶은 남편을 구원하게 하는 것입니다. 내 행위로 다른 사람이 구원받게 되는 것입니다.

=거룩해지는 방법
우리가 거룩해 지기 위해서는 먼저 거듭나야 합니다.

① 믿으면 거듭납니다. 거듭나면 새로운 피조물이 됩니다.

고전 1장 30절, "너희는 하나님께로부터 나서 그리스도 예수안에 있고 예수는 하나님께로서 나와서 우리에게 지혜와 의로움과 거룩함과 구속함이 되셨으니"라고 말씀하고 있습니다.

구원받으면 예수님은 우리에게 거룩함이 되십니다. 또한 거듭나면 우리는 거룩함에 참여하는 자가 되는 것입니다.(벧후 1:4)

② 말씀을 주야로 지키고 묵상하라고 한 것입니다.

③ 성령의 충만함으로 자기를 다스려야 합니다. 육신이 다스릴 때 육체의 일이 나타납니다. 그때 시기, 투기, 분냄, 노함 등이 나타나는 것입니다.

우리는 성령충만을 받아야 합니다. 성령의 열매는 '사랑에서 절제'까지(갈 5:22)입니다.

"예수의 사람들은 육체와 함께 그 정과 욕심을 십자가에 못박았느니라."고 했고, "… 성령으로 행할지니"(갈 5:24-25)라고 하였습니다.

22. 말씀의 하나님

♥ 시 119:160, 주의 말씀의 강령은 진리이오니 주의 의로운 모든 규례들은 영원하리이다

♪ **주님의 귀한 말씀은** 206장

1. 주님의 귀한 말씀은 내 발의 빛이요
   목마른 사막 길에서 샘물과 같다
2. 굶주린 나의 영혼을 만나로 먹이고
   내 갈길 밝게 비추니 그 말씀 귀하다
3. 낮에는 구름 기둥과 밤에는 불 기둥
   주 백성 앞에 나타나 인도해 주시네
4. 하늘의 깊은 지혜를 깨닫게 하시고
   주 말씀 밝히 알도록 늘 도와주소서. 아멘

시 12:6, 여호와의 말씀은 순결함이여 흙 도가니에 일곱 번 단련한 은 같도다.
마 4:4, 사람이 떡으로만 살 것이 아니요 하나님의 입으로부터 나오는 모든 말씀으로 살 것이라

말씀의 하나님, 말씀하여 주세요~~

=막 4:35-41 〈말씀으로 폭풍을 잔잔케 하신 예수님〉

한 저녁되어 예수님께서는 제자들에게 말씀하시길 "호수 건너편으로 가자"고 말씀하시다. 그래서 제자들은 사람들을 남겨두고 예수님을 배에 탄 그대로 모시고 갔습니다. 주위에 있던 다른 배들도 따라 갔습니다.

그때 매우 강한 바람이 불어와서, 파도가 배 안으로 덮쳐 들어왔고 물이 배안에 차게 되었습니다. 예수님은 배 고물에서 베개를 베고 주무시고 계셨습니다. 제자들이 와서 예수님을 깨우면서 말했습니다.

"선생님 우리가 죽게 되었는데, 돌아보지 아니하십니까?"

예수님이 일어나시더니 바람을 꾸짖고 호수에게 명령하셨습니다. 예수님이 제자들에게 말씀하셨습니다. "어째서 너희가 무서워 하느냐? 아직도 믿음이 없느냐?"

제자들이 매우 두려워하며, "이분이 어떤 분이길래 바람과 파도도 순종하는 것일까?"하고 서로에게 물었습니다.

=요 14:15 〈하나님의 계명을 지키는 자는〉

너희가 나를 사랑하면 나의 계명을 지키리라.

15:7, 너희가 내 안에 거하고 내 말이 너희 안에 거하면 무엇이든지 원하는 대로 구하라 그리하면 이루리라.

15:10, 내가 아버지의 계명을 지켜 그의 사랑안에 거하는 것 같이 너희도 내 계명을 지키면 내 사랑 안에 거하리라

말씀의 하나님 느 8:1-

말씀의 힘으로 사는 믿음입니다.
① 육체적인 힘입니다.
② 인간적인 힘, 세상적인 힘입니다.
③ 진정으로 중요한 힘은 영적인 힘입니다.
우리가 새 힘을 얻고 힘 있게 살기 위해서 필요한 것이 무엇일까요?

첫째, 말씀에 귀를 기울여야 합니다.(1-3절)

"이스라엘 자손이 그 본성에 거하였더니 칠월에 이르러는 모든 백성이 일제히 수문 앞 광장에 모여 학사 에스라에게 여호와께서 이스라엘에게 명하신 모세의 율법책을 가지고 오기를 청하매."
 말씀을 듣기(읽는) 시간을 내고 사모하고(씨 준비) 받고(간절)
 또 깨닫는 힘을 얻어(체험) 믿음의 역사가 생활로 나타납니다.

둘째, 말씀에 대한 존중함이 있어야 합니다.(4-5절)

"때에 학사 에스라가 특별히 지은 나무 강단에 서매 그 우편에 선 자는 맛디댜와 스마와 아나야와 우리야와 힐기야와 마아세야요 그 좌편에 선 자는 브다야와 미사엘과 말기야와 하숨과 하스밧다나와 스가랴와 므술람이라."

셋째, 아멘으로 응답하고 하나님을 경배해야 합니다.(6절)

"광대하신 하나님 여호와를 송축하매 모든 백성이 손을 들고 아멘 아멘 응답하고 몸을 굽혀 얼굴을 땅에 대고 여호와께 경배하였느니라."
 ① 손을 들고 ② 아멘 아멘 응답하고 ③ 경배했습니다.

- 손을 들고는 기도의 자세를 말합니다.(스 9:5, 시 28:2) 일반적인 의미는 항복을 말합니다.
- 아멘은 진실로, 또는 확인하다는 뜻인데 구약에서는 진술 또는 선언을 확인할 때 사용하였고(왕상 1:36, 렘 28:6), 그것이 예배 시에는 기도의 응답으로 사용되었습니다.(시 106:48)
- 몸을 굽혀 얼굴을 땅에 대고 경배함은 여호와께 대한 극한 경외심의 외적인 표현입니다(대하 7:3). 경배하는 것은 ① 몸을 굽혀, ② 얼굴을 땅에 대고, ③ 경배했습니다. 여호와를 지극히 경외함을 말합니다.

'몸을 굽혀'라는 단어는 구약에서 경배하다는 말씀과 함께 사용됩니다.(창 24 :26, 24:48, 창 43:28, 출 4:31, 출 12:27)

마음으로 믿고 입으로 고백하며 몸으로 실천해야 합니다.

'아멘 아멘'으로 응답한 것은 입으로 한 것이고, 몸을 굽혀 경배한 것은 몸으로 한 것입니다. 하나님께 입으로 응답할 뿐만 아니라 몸으로 하나님께 늘 영광 돌려야 합니다.

넷째, 여호와를 기뻐해야 합니다.(10절)

"느헤미야가 또 이르기를 너희는 가서 살진 것을 먹고 단 것을 마시되 예비치 못한 자에게는 너희가 나누어 주라 이 날은 우리 주의 성일이니 근심하지 말라 여호와를 기뻐하는 것이 너희의 힘이니라"

말씀을 듣고 응답을 확신하는 믿음으로 기쁨과 영적 즐거움으로 세상에 나아가 하나님의 나라를 확장하는 일에 열심하시기를 축복합니다.

🙂 23. 선의 하나님

♥ 시 23:6, 내 평생에 선하심과 인자하심이 반드시 나를 따르리니 내가 여호와의 집에 영원히 살리로다

♪ **선한 목자 되신 우리 주** 569장

1. 선한 목자 되신 우리 주 항상 인도하시고 푸른 풀밭 좋은 곳에서
 우리 먹여 주소서 선한 목자 구세주여 항상 인도하소서
 선한 목자 구세주여 항상 인도하소서
2. 양의 문이 되신 예수여 우리 영접하시고 길을 잃은 양의 무리를
 항상 인도 하소서 선한 목자 구세주여 기도 들어주소서 선한 목자
 구세주여 기도 들어주소서
3. 흠이 많고 약한 우리를 용납하여 주시고 주의 넓은 크신 은혜로
 자유 얻게 하셨네 선한 목자 구세주여 지금 나아갑니다
 선한 목자 구세주여 지금 나아갑니다
4. 일찍 주의 뜻을 따라서 살아가게 하시고 주의 크신 사랑 베푸사
 따라가게 하소서 선한 목자 구세주여 항상 인도하소서
 선한 목자 구세주여 항상 인도하소서

시 25:8, 여호와는 선하시고 정직하시니 그러므로 그의 도로 죄인들을 교훈 하시리로다.

롬 12:2, 너희는 이 세대를 본받지 말고 오직 마음을 새롭게 함으로 변화를 받아 하나님의 선하시고 기뻐하시고 온전하신 뜻이 무엇인지 분별하도록 하라.

=수 21:43-45 〈여호와께서 약속하신 온 땅을 차지하다〉

레위 지파는 모두 48개의 마을과 그 주변의 들을 얻었습니다. 이 마을들은 모두 이스라엘 사람들이 차지한 땅에서 받은 것이었습니다. 모든 마을에는 그 주변에 들이 딸려 있었습니다.

이와 같이 여호와께서는 이스라엘 사람들에게 하신 약속을 지키셨습니다. 여호와께서는 약속하신 모든 땅을 주셨습니다. 이스라엘의 적들 중 누구도 이스라엘을 이기지 못했습니다.

여호와께서는 이스라엘 손에 모든 적을 넘겨주셨습니다. 여호와께서는 이스라엘에 약속하신 것을 다 지키셨습니다. 지켜지지 않은 약속은 하나도 없었습니다.

=요 10:7-11 〈예수님을 통해 양을 선하게 풍성히 인도하시는하나님〉

나는 양의 문이라 나보다 앞에 온 사람들은 다 도둑이며 절도이다. 양들은 그 사람들의 말을 듣지 않는다. 나는 문이다. 나를 통해 들어가는 사람은 구원을 얻을 것이다.

사람은 들어가기도 하고 나가기도 하며 또 좋은 목초도 발견하기도 할 것이다.

도둑은 훔치고, 죽이고, 파괴하기 위한 목적으로 온다. 그러나 나는 양들이 생명을 더욱 풍성히 얻게 하기위해 왔다.

나는 선한 목자다. 선한 목자는 양을 위하여 자기 목숨을 내놓는다.

나는 선한 목자다. 나도 내 양을 알고, 내 양도 나를 알아본다. 아버지께서 나를 아시듯이 나도 아버지를 안다.

그리고 나는 양을 위하여 목숨을 내 놓는다.

선의 하나님 시 23:6

"주의 선하심과 인자하심이 평생 나를 따라오는 인생을 살고 싶습니다." 다윗의 고백입니다. 한마디로 그는 '자기 인생이 하나님 때문에 행복한 평생이 되고 싶다.'고 말하는 것입니다.

'하나님 때문에 행복한 평생'-어떻게 가능할 수 있을까요?

첫째, 우리의 과거를 감사할 수 있어야 합니다.

그는 지금 자신의 미래를 낙관적으로 전망하고 있습니다. 그러나 그가 이렇게 정녕 그렇게 될 것이라고 확신 있게 말하는 것은 그의 과거의 경험 때문이었습니다. 그의 과거에서 그가 사망의 어두운 골짜기를 지날 때도 있었고, 또는 원수들의 치열한 공격을 받기도 했지만 그는 마침내 원수의 목전에서 "내 잔이 넘치나이다."라고 고백하였습니다.

둘째, 우리의 현재를 만족할 수 있어야 합니다.

우리가 시편 23편을 자세히 들여다보면 본문인 6절에 오기까지는 대부분의 시제가 현재 시제로 표기됩니다.
본문 6절에서, "선하심과 인자하심이 정녕 나를 따르리니."

셋째, 우리의 미래를 확신할 수 있어야 합니다.

우리는 편의상 인생의 시간을 과거와 현재와 미래로 나누고 있습니다만 사실은 과거와 현재와 미래는 결코 분리될 수 없는 것들입니다. 자신의 미래에 함께 하실 하나님의 선하심과 인자하심을 확신한 것입니다.
시 106:1을 읽어보십시오. "할렐루야 여호와께 감사하라 그는 선하시며 그 인자하심이 영원함이로다."

📖 24. 피난처이신 하나님

> ♥ 시 14:6, 너희가 가난한 자의 계획을 부끄럽게 하나 오직 여호와는 그의 피난처가 되시도다

♪ 피난처 있으니 70장

1. 피난처 있으니 환난을 당한 자 이리 오라
   땅들이 변하고 물결이 일어나
   산위에 넘치되 두렵잖네
2. 이방이 떠들고 나라들 모여서 진동하나
   우리 주 목소리 한 번만 발하면
   천하에 모든 것 망하겠네
3. 만유 주 하나님 우리를 도우니 피난처요
   세상의 난리를 그치게 하시니
   세상에 창검이 쓸데 없네
4. 높으신 하나님 우리를 구하니 할렐루야
   괴롬이 심하고 환난이 극하나
   피난처 되시는 주 하나님

시 61:3, 주는 나의 피난처시오 원수를 피하는 견고한 망대이심이니이다.
렘 17:17, 주는 내게 두려움이 되지 마옵소서. 재앙의 날에 주는 나의 피난처 시니이다.

=시 46:1- <하나님께 대한 고라자손의 믿음 시>

하나님은 우리의 피난처이시며 힘이십니다. 어려울 때에 언제나 우리를 돕는 분이십니다. 그래서 우리는 땅이 흔들려도 산들이 바닷속으로 무너져 내려도 바닷물이 넘실거리고, 파도가 치고, 사나운 바다에 산들이 흔들려도 두려워하지 않을 것입니다.

만군의 여호와가 우리와 함께 계십니다. 야곱의 하나님은 우리의 피난처이십니다.

=삼상 23:15-27 <하나님이 다윗이 엔게디 요새로 피하게 도우다>

다윗은 사울이 자기를 죽이려 오는 것을 보았습니다. 사울의 아들 요나단이 와서 다윗이 하나님의 강한 믿음을 가질 수 있도록 힘을 북돋아 주었습니다.

"두려워 말게. 내 아버지는 자네를 건드리지 못할 걸세. 자네는 이스라엘 왕이 되고, 나는 자네 다음가는 사람이 될 걸세." 두 사람은 여호와 앞에서 언약을 맺었습니다.

십 백성이 기브아에 있는 사울에게 말하기를 "다윗이 우리 땅에 숨어 있습니다. 왕이시여 언제든 내려 오십시오. 왕께 다윗을 내어 드리겠습니다."

다윗과 그의 부하들은 사울에게서 멀리 피하기 위해 움직였습니다. 사울과 그의 군인들은 다윗과 그의 부하들을 에워싸서 잡으려 하였습니다.

그때에 한 사람이 사울에게 와서 이렇게 전하였습니다.

"빨리 오십시오. 블레셋 사람들이 우리 땅을 공격하고 있습니다."

그래서 사울은 다윗을 쫓다 말고 싸우기 위해 돌아갔습니다.

피난처이신 하나님 시 61:3

다윗이 얼마나 고통스러웠는지요? 구절, 구절 그의 심정이 드러납니다.

=내가 부르짖는 소리를 들으시고

부르짖는 기도가 거저 나오는 것이 아닙니다. 어떤 사람이 기도 중에 부르짖고 통곡하면 책망하지 말고, 긍휼히 여기고, 함께 기도해 주어야 합니다.

= 거의 다 마음이 무너질 때입니다.

다윗도 2절에서는, "내 마음이 약해질 때"라고 했습니다. 다윗이 겪는 어려움은 단순히 육신의 고생이 아니라는 말입니다. 마음이 무너진 고통이었습니다.

=내 힘으로 오를 수 없는 저 바위 위로 나를 인도하여 주십시오.

다윗은 비로소 자신이 정말 믿고 의지해야 할 대상이 따로 있음을 깨달았습니다. 그것은 '바위'로 표현되는 상징입니다. 그것은 어떤 일이 있어도 결코 흔들리지 않는 터를 말하는 것입니다. 곧 하나님입니다.

다윗이 위대한 것은 고통 중에서 이것을 깨달았다는 것입니다. 그가 믿고 의지하였던 것이 무너졌을 때, 즉시 하나님을 바라봅니다

=주님은 나의 피난처시요, 원수들에게서 나를 지켜 주는 견고한 망대

그는 4절에서 결단합니다. "내가 영원토록 주님의 장막에 머무르며, 주님의 날개 아래로 피하겠습니다.(셀라)"

'하나님만이', '오직 하나님' 만이 진정한 피난처시요, 견고한 망대요 장막이고 덮는 날개임을 기억한 것입니다.

📖 25. 의지의 하나님

> ♥ 시 25:2, 나의 하나님이여 내가 주께 의지 하였사오니 나를 부끄럽지 않게 하시고 나의 원수들이 나를 이겨 개가를 부르지 못하게 하소서.

♪ **구주 예수 의지함이** 542장

1. 구주 예수 의지함이 심히 기쁜 일일세
   영생 허락 받았으니 의심 아주 없도다
2. 구주 예수 의지함이 심히 기쁜 일일세
   주를 믿는 나의 마음 그의 피에 적시네
3. 구주 예수 의지하여 죄악 벗어버리네
   안위받고 영생함을 주께 모두 얻었네
4. 구주 예수 의지하여 구원함을 얻었네
   영원무궁 지나도록 주여 함께 하소서
후렴) 예수 예수 믿는 것은 받은 증거 많도다
   예수 예수 귀한 예수 믿음 더욱 주소서. 아멘

시 31:14, 여호와여 그러하여도 나는 주께 의지하고 말하기를 주는 내 하나님이시라 하였나이다.

잠 16:20, 삼가 말씀에 주의하는 자는 좋은 것을 얻나니 여호와를 의지하는 자는 복이 있느니라.

요 14:1-2, 너희는 마음에 근심하지 말라. 하나님을 믿으니 또 나를 믿으라. 내 아버지 집에 거할 곳이 많도다.

=왕하 20:1-6 〈히스기야의 참 의지의 기도로 죽을 병에서 회복하다〉

히스기야가 심한 병에 걸려 죽게 되었습니다. 이사야가 그를 보러 와서 여호와께서 말씀하셨는데 "이제는 죽을 것이니 네 집안 일을 정리하고." 히스기야는 벽쪽을 향해 기도했습니다. "여호와여, 제가 언제나 마음을 다하여 여호와께 복종하고, 여호와 보시기에 옳게 한 것을 기억해 주십시오." 기도하던 히스기야는 울었습니다.

이사야가 안 뜰을 지날 때에 여호와께서 말씀기를 "다시 돌아가서 내 백성의 지도자인 히스기야에게 전하여라. 네 조상 다윗의 하나님 여호와께서 내가 너 기도를 들었고 네 눈물을 보았다. 내가 고쳐 주겠다. 지금부터 삼일만에 너는 여호와의 성전으로 올라갈 것이다. 내가 네 목숨을 15년 더 연장해주겠다. 그리고 너와 이 성을 앗수르의 왕에게서 구해주겠다."

=마 15:21-28 〈가나안 여자의 믿음 보시고 귀신들린 딸 구해주시다〉

예수님께서 두로와 시돈 지방으로 가셨는데 그 지역에 사는 어떤 여자가 예수님께 와서 소리쳤습니다. "주님 다윗의 자손이여 저를 불쌍히 보시고 도와 주세요! 제 딸이 귀신 들려서 매우 고통 받고 있습니다." 그러나 예수님께서는 한마디도 대답하지 않으시고 제자들이 주께 와서 청했습니다. "저 여자를 돌려 보내십시오. 우리를 따라다니며 소리치고 있습니다."

주님께서 대답 하시길, "나는 이스라엘 집의 잃은 양에게로만 보냄을 받았다." 그때 그 여자가 주님께 와서 절을 하고 간청했습니다. "주님 도와주십시오!" 주님은 대답하시기를 "자기 자식의 빵을 집어서 개에게 던져주는 것은 옳지 않다." 그 여자가 대답했습니다. "그렇습니다. 주님, 그러나 개라도 주인의 식탁에서 떨어진 부스러기를 먹습니다."

그러자 주님은 "여자야, 너의 믿음이 크구나! 네가 원하는대로 될 것이다." 바로 그때, 그 여자의 딸이 나았습니다.

의지의 하나님 시 31:14

다윗은 자신이 의지할 하나님을 몹시 바라고 있습니다.

첫째, 하나님을 의지했습니다.(6, 14)

6절에, "내가 허탄한 거짓을 숭상하는 자를 미워하고 여호와를 의지하나이다". 라고 했고, 14절에서 "여호와여 그러하여도 나는 주께 의지하고 말하기를 주는 내 하나님이시라 하였나이다."라고 했습니다.

여기에서 "의지하나이다"는 신뢰하고 전적으로 매달림을 의미합니다. 다윗은 신관을 똑바로 갖고 있었습니다.

다윗은 그 어려운 때에 "내가 허탄한 거짓을 숭상하는 자를 미워하고 여호와만 의지한다고" 고백하고 있습니다.

그는 또한 "악인들이 나를 치려고 의논하여 생명을 빼앗기로 꾀하여도 그러하여도 나는 주만 의지하겠습니다."라고 고백하고 있습니다.

둘째, 하나님을 사랑하였습니다.

23절에 보니, "너희 모든 성도들아 여호와를 사랑하라"고 하였습니다. 왜 하나님을 사랑해야 합니까?

1) 하나님은 환난 중에 있는 내 영혼을 아시는 분이시기 때문에 하나님을 사랑하게 됩니다.(7절)

"내가 주의 인자하심을 기뻐하며 즐거워할 것은 주께서 나의 곤난을 감찰하사 환난 중에 있는 내 영혼을 아셨고"

다윗은 이전에 받은 하나님의 구속의 사랑을 생각하고 기뻐하고 있습니다.

2) 내 고통을 인하여 나를 긍휼히 여기시는 하나님이시기 때문에 하나

님을 사랑하게 됩니다.(9절)

　내가 고통을 당하게 되면 남들이 나를 업수히 여기기 쉽습니다.

　그러나 우리 하나님께서는 하나님을 의지하는 신앙인을 버리지 아니하시고 불쌍히 여기시는 사랑의 하나님이십니다.

　3) 주께서 내 간구하는 소리를 들으셨으므로 하나님을 사랑하게 됩니다.(22)

　내 기도를 들어주시는 하나님을 우리는 사랑해야 하지 않겠습니까?

　시 116:1에 보니, "여호와께서 내 음성과 내 간구를 들으시므로 내가 저를 사랑하는 도다"라고 했습니다.

　여기에서, 우리가 여호와를 사랑해야하는 것은?

　여호와는 성실한 자를 보호하시기 때문입니다.(23)

　"너희 모든 성도들아." 그의 은혜를 입은 모든 자들아, 그의 긍휼을 받은 모든 자들아, 그의 사랑을 입은 모든 자들아 여호와를 사랑하라.

셋째, 하나님을 바라보았습니다.

"강하고 담대하라 여호와를 바라는 너희들아."

　"여호와를 바란다"는 뜻은 하나님께 소망을 둔다는 뜻입니다.

　하나님께 소망을 두는 사람은 강하고 담대할 수 있는 것입니다. 하나님을 사랑하며 말씀을 통하여 충분한 생명력을 얻고 또 말씀에서 도우심을 약속 받은 성도는 언제 어디서나 강하고 담대할 수 있습니다.

📖 26. 형통의 하나님

> ♥ 창 39:3, 그의 주인이 여호와께서 그와 함께 하심을 보며 또 여호와 께서 그의 범사에 형통하게 하심을 보았더라.

🎵 **예수 따라가며** 449장

1. 예수 따라가며 복음 순종하면 우리 행할 길 환하겠네
   주를 의지하며 순종하는 자를 주가 늘 함께 하시리라
2. 해를 당하거나 우리 고생할 때 주가 위로해 주시겠네
   주를 의지하며 순종하는 자를 주가 안위해 주시리라
3. 남의 짐을 지고 슬픔 위로하면 주가 상급을 주시겠네
   주를의지하며 순종하는 자를 항상 복 내려주시리라
4. 우리 받은 것을 주께 다 드리면 으리 기쁨이 넘차겠네
   주를 의지하며 순종하는 자를 은혜 풍성케 하시리라
5. 주를 힘입어서 말씀 잘 배우고 주를 모시고 살아가세
   주를 의지하며 항상 순종하면 주가 사랑해 주시리라

후렴) 의지하고 순종하는 길은 예수 안에 즐겁고 복된 길이로다

수 1:7, 오직 강하고 극히 담대하여 나의 종 모세가 네게 명령한 그 율법을 다 지켜 행하고 우로나 좌로나 치우치지 말라. 그리하면 어디로 가든지 형통하리니

대하 26:5, 하나님의 묵시를 밝히 아는 스가랴가 사는 날에 하나님을 찾았고 그가 여호와를 찾을 동안에는 하나님이 형통하게 하셨더라.

=창 39:1-6 〈하나님이 요셉에게 형통을 주시다〉

요셉이 애굽으로 끌려갔습니다. 바로의 신하 경호대의 대장 보디발의 집이었습니다. 보디발이 요셉을 끌고 온 이스라엘 사람에게서 샀습니다. 여호와께서 요셉과 함께 하시므로 요셉이 성공하게 되었습니다. 보디발은 여호와께서 요셉과 함께 계시다는 것을 알았습니다. 보디발은 여호와께서 요셉이 하는 일마다 성공하게 해 주신다는 것을 알고 보디발은 요셉을 마음 놓고 믿을 수 있는 부하로 자기가 가진 모든 것을 맡겼습니다. 그리하여 보디발은 자기가 가진 모든 것을 요셉에게 맡겼습니다. 보디발은 자기가 먹는 음식 말고는 요셉이 하는 일에 참견하지 않았습니다. 요셉은 멋지고 잘 생긴 사람이었습니다.

=마 17:14-20 〈귀신들린 아이를 고치신 예수님〉

어떤 사람이 예수님께 와서 무릎을 꿇고 절을 하며 말했습니다. "주님 제 아들에게 자비를 베풀어 주십시오. 이 아이가 간질에 걸려서 너무나 고생하고 있습니다. 이 아이는 가끔 불에도 뛰어들고 물에도 뛰어 듭니다. 제가 이 아이를 제자들에게 데리고 왔는데 고칠 수 없었습니다."

예수님께서 말씀하시기를 "아! 믿음이 없고, 뒤틀어진 세대여! 도대체 언제까지 내가 너희와 함께 있어야 하겠느냐? 그 아이를 내게 데리고 오너라." 예수님께서 귀신을 꾸짖었습니다. 그리고 귀신이 아이에게서 나가고, 그 아이는 즉시 나았습니다.

제자들이 예수님께 따로 와서 물었습니다. "어째서 우리는 귀신을 쫓아낼 수 없었습니까?" 예수님이 대답하셨어요. "너희 믿음이 적어서이다. 내가 너희에게 진정으로 말한다. 너희에게 겨자씨 한 알만한 믿음이 있으면, 이 산을 향하여 여기서 저기로 움직여라. 말할 것이다. 그러면 산이 움직일 것이다. 너희가 못할 것이 아무것도 없을 것이다."

형통의 하나님 수 1:7

형통과 평탄함은 우리 여호와 하나님께 있습니다.
어떻게 해야 평탄한 길을 걸을 수 있을까요?

첫째, 하나님의 종 모세가 명한 율법을 다 지켜 행할 때입니다.

"오직 너는 마음을 강하게 하고 극히 담대히 하여 나의 종 모세가 네게 명한 율법을 다 지켜 행하고 …"(수 1:7상) 여기에서 '나의 종 모세'라고 한 이 말은 크게 두 가지의 의미가 있습니다.

① 육성을 지닌 인간은 영성이 부족하기 때문에 하나님은 주의 종을 통해서 명령하신다는 것을 의미합니다. 그래서 이스라엘 백성들에게도 모세를 통해서 그들에게 명령하시고 하나님의 뜻을 전달하셨습니다.

② 정통성을 의미합니다. 소경 거지 바디매오가 예수님을 부를 때 그냥 '예수여' 하지 않고 '다윗의 자손 예수여'라고 부른 것은 바로 다윗의 자손을 통해서 구세주가 나셨다는 정통성을 의미합니다.

둘째, 좌로나 우로나 치우치지 아니할 때입니다.

"좌로나 우로나 치우치지 말라. 그리하면 어디로 가든지 형통하리니, 이 율법책을 네 입에서 떠나지 말게 하며, 주야로 그것을 묵상하여 그 가운데 기록한 대로 다 지켜 행하라. 그리하면 네 길이 평탄하게 될 것이라. 네가 형통하리라"(수 1:7b, 8)

중풍병자나 술 취한 사람은 머리가 시키는 대로 똑바로 길을 가지 못합니다.

좌로나 우로나 치우치지 않는다는 것은 율법에서 절대로 떠나지 않고 올바로 지키는 것을 의미하며, 율법을 올바로 지킬 때만이 형통하게 되고, 길이 평탄하게 될 줄 믿으시기 바랍니다.

셋째, 하나님이 약속하신 평탄한 길

① 발바닥으로 밟는 모든 곳을 다 주신다는 약속입니다.
"내가 모세에게 말한 바와 같이 무릇 너희 발바닥으로 밟는 곳을 내가 다 너희에게 주었노니, 곧 광야와 이 레바논에서부터 큰 하수 유브라데에 이르는 헷 족속의 온 땅과 또 해지는 편 대해까지 너희 지경이 되리라."(수 1:3,4) 하나님은 인간을 창조하시고 생육하고 번성하여 땅에 충만하고, 땅을 정복하며 모든 생물을 다스리는 복을 주셨습니다.(창 1:28)

② 승리를 주시는 약속입니다.
"너의 평생에 너를 능히 당할 자 없으리니, 내가 모세와 함께 있던 것같이 너와 함께 있을 것임이라."(수 1:5) 하나님께 평탄한 길을 약속 받은 성도는 어떤 대적에게서도 승리하도록 하나님께서 함께 하시는 줄 믿으시기 바랍니다.

하나님께서 길을 평탄하게 해주시면 어떠한 환난이나 전쟁, 기근 속에서도 하나님께서 절대적으로 보호해주시고 승리하게 해주실 줄 믿으시기 바랍니다.

주의 종을 통해서 주시는 율법, 정통성이 있는 하나님의 말씀을 지켜 행하되, 좌로나 우로나 치우치지 아니하고 온전히 지킴으로 발바닥으로 밟는 모든 곳을 소유하고 모든 대적에게서 승리하는 평탄한 길을 보장 받으시기를 축원합니다.

27. 부요의 하나님

♥ 고후 6:10, 근심하는 자 같으나 항상 기뻐하고 가난한자 같으나 많은 사람을 부요하게 하고 아무것도 없는 자 같으나 모든 것을 가진 자로다

♪ **고통의 멍에 벗으려고** 272장

1. 고통의 멍에 벗으려고 예수께로 나갑니다 자유와 기쁨 베푸시는
주께로 갑니다 병든 내 몸이 튼튼하고 빈궁한 삶이 부해지며
죄악을 벗어버리려고 주께로 갑니다
2. 낭패와 실망당한 뒤에 예수께로 나갑니다 십자가 은혜 받으려고
주께로 갑니다 슬프던 마음 위로받고 이생의 풍파 잔잔하며
영광의 찬송 부르려고 주께로 갑니다
3. 교만한 마음 내버리고 예수께로 나갑니다 복 되신 말씀 따르려고
주께로 갑니다 실망한 이몸 힘을얻고 예수의 크신 사랑받아
하늘의 기쁨 맛보려고 주께로 갑니다

약 2:5, 내 사랑하는 형제들아 들을지어다. 하나님이 세상에서 가난한 자를 택하사 믿음에 부요하게 하시고 또 자기를 사랑하는 자들에게 약속하신 나라를 상속으로 받게 하지 아니 하셨느냐.

계 3:18, 내가 너를 권하노니 내게서 불로 연단한 금을 사서 부요하게 하고 흰 옷을 사서 입어 벌거벗은 수치를 보이지 않게 하고 안약을 사서 눈에 발라 보게 하라.

=창 14:14- 〈하나님이 내리신 아브람의 부요〉

1. 큰 나라 복(만인에게도 통한), 창 12:1-
2. 애굽서 아내와 자신이 바로의 도움 받음, 창 12:10-20
3. 롯에게 좋은 땅을 선택케 한 마음, 창 13:12-
4. 가정 훈련병 318명으로 롯을 구한 역사, 창 14:14
5. 롯을 구원하는 기도 용사, 창 18:23-
6. 백세에 이삭 얻음, 창 21:1-
7. 이삭을 바치는 순종, 창 22:1-
8. 하나님의 칭찬 받음, 창 26:5
(아브라함이 내 말을 순종하고 내 명령과 내 계명과 내 율례와 내 법도를 지켰음이니라 하시니라)

=고후 6:10- 〈사도 바울의 부요〉

근심하는 자 같으나 항상 기뻐하고 가난한 자 같으나 많은 사람을 부요하게 하고 아무것도 없는 자 같으나 모든 것을 가진 자로다.
=고전 11:1, 내가 그리스도를 본받는 자 된 것같이 너희는 나를 본받는 자 되라.
=갈 2:20, 내가 그리스도와 함께 십자가에 못 박혔나니 그런즉 이제는 내가 사는 것이 아니요 오직 내 안에 그리스도께서 사시는 것이라 이제 내가 육체 가운데 사는 것은 나를 사랑하사 나를 위하여 자기 자신을 버리신 하나님의 아들을 믿는 믿음 안에서 사는 것이라.

부요의 하나님 고후 6:10

첫째, 가난한 곳에 부요와 형통의 은혜가 넘치게 하십니다.

우리 신앙이 역설적인 것은 내가 가난할 때 부요하다는 것입니다. 배고픈 자가 음식을 찾고 목마른 자가 우물을 파는 것처럼 가난하기 때문에 부요하신 하나님을 찾게 되는 것입니다. 돈 있고 부요한 사람이 하나님을 믿는 것은 쉽지 않습니다. 하지만 배고프고, 헐벗고, 굶주린 사람은 자신을 도와줄 수 있는 하나님을 찾고 또 의지하고자 합니다.

둘째, 도와주시고 차고도 넘치는 복을 주십니다.

삼상 2장 7-8절에, "야훼는 가난하게도 하시고 부하게도 하시며 낮추기도 하시고 높이기도 하시는도다 가난한 자를 진토에서 일으키시며 빈궁한 자를 거름더미에서 올리사 귀족들과 함께 앉게 하시며 영광의 자리를 차지하게 하시는도다 땅의 기둥들은 야훼의 것이라 야훼께서 세계를 그것들 위에 세우셨도다."라고 말씀하고 있습니다.

셋째, 자기 백성에게 넘치는 은혜를 베푸십니다.

부요하신 하나님은 우리에게 넘치는 은혜를 베푸셔서 하나님을 잘 섬기며 헐벗고 굶주림에 고통당하는 이웃을 돌아보기를 원하시는 것입니다. 그러므로 하나님께 복을 구하는 것은 성경적이고 하나님 보시기에도 합당한 것입니다.

우리가 그리스도 안에서 아브라함과 이삭과 야곱처럼 복을 받아 하나님을 섬기며 이웃을 돌보며 헌신하는 삶을 통해서 이웃사랑을 몸소 실천할 수 있는 것입니다. 에덴동산이 지어졌을 때 에덴은 모든 것에 부요하고 아름답고 하나님의 영광으로 충만했습니다.

하나님께 범죄함으로 인류에게 가난과 저주가 왔지만 예수님은 이땅에 오셔서 십자가 위에서 몸 찢기시고 피 흘리심으로 아담이 가져온 모든 저주를 청산해 주셨습니다.

고후 8장 9절에, "우리 주 예수 그리스도의 은혜를 너희가 알거니와 부요하신 이로서 너희를 위하여 가난하게 되심은 그의 가난함으로 말미암아 너희를 부요하게 하려 하심이라"고 말씀하고 있고,

출 23장 25절에, "네 하나님 야훼를 섬기라 그리하면 야훼가 너희의 양식과 물에 복을 내리고 너희 중에서 병을 제하리니"라고 말씀하고 있는 것처럼 하나님이 하늘 문을 여시고 복을 주셔야 우리의 모든 수고와 노력이 열매를 맺으므로 하나님의 축복이 임하는 것입니다.

=재물을 주시는 분과 재물을 얻는 방법

1) 하나님께서 재물을 주심
-신 8:18, 네 하나님 여호와를 기억하라
-왕상 3:13, 내가 또 너의 구하지 아니한 부와 영광도 네게 주노니
-욥 1:21, 주신 자도 여호와시오
-전 5:19, 어떤 사람에게든지 하나님이 재물과 부요를 주사

2) 재물을 얻는 방법
-창 15:14, 언약으로 얻음-그들의 섬기는 나라를 징벌할지며 그 후에 네 자손이 큰 재물을 이끌고 나오리라.
-시 112:1, 계명을 즐거워하는 자
-잠 8:21, 하나님을 사랑함으로
-잠 11:16, 근면함으로
-잠 22:4, 겸손히 하나님을 섬기는 자

28. 전지전능의 하나님

> ♥ 창 17:1, 아브람이 99세 때에 여호와께서 아브람에게 나타나서 그에게 이르시되 나는 전능한 하나님이라 너는 내 앞에서 행하여 완전하라

♩ **전능하고 놀라우신** 30장

1. 전능하고 놀라우신 나의 주님 구세주
   거룩하신 은혜의 왕 주를 경배합니다
2. 하늘 위에 계신 주님 참된 빛이 되시니
   이 세상의 모든 나라 주께 영광 돌리네
3. 하늘나라 보좌에서 죄악 많은 세상에
   우리 구원하시려고 주님 세상 오셨네
4. 영원하신 우리 주님 어서 속히 오셔서
   주의 모든 성도들을 천국 인도하소서

후렴) 영광 영광 주의 이름 찬양해
   영광 영광 귀한 이름 찬양해. 아멘

창 43:14, 전능하신 하나님께서 그 사람 앞에서 너희에게 은혜를 베푸사 그 사람으로 너희 다른 형제와 베냐민을 돌려보내게 하시기를 원하노라 내가 자식을 잃게 되면 잃으리로다.

사 1:24, 그러므로 주 만군의 여호와 이스라엘의 전능자가 말씀하시되 슬프다 내가 장차 내 대적에게 보응하여 내 마음을 편하게 하겠고 내 원수에게 보복하리라.

=창 1:1- 〈천지 창조 인간 창조의 하나님〉

　태초에 하나님이 천지를 창조하시니라 빛, 궁창, 각종 열매 맺는 나무 풀 채소, 광명체, 짐승들 새들 생물 종류대로 짐승 종류대로
:27 하나님이 자기 형상 곧 하나님의 형상대로 사람을 창조하시되
　　남자와 여자를 창조 하시고
　창 17:1- , 나는 전능한 하나님이라 내가 너와 언약을 세워 두어 너를
　　크게 번성하게 하리라.

=수 6:11-16 〈하나님이 여리고를 돌므로 무너지게 하다〉

　여호수아는 백성들에게 여호와의 궤를 메고 성둘레를 한 바퀴 돌게 하였습니다.
　그리고 나서 그들은 진으로 되돌아와 하룻밤을 지냈습니다 … 일곱 바퀴째 돌 때, 제사장들이 또 나팔을 불었습니다.
　그러자 여호수아가 명령을 내렸습니다. "자 고함을 지르시오!
　여호와께서 여러분에게 이 성을 주셨소."

=요 5:1-8 〈예수님이 38년된 앓는 자를 고쳐주시다〉

　베데스다란 곳에 각색 앓는 자기 모여 있습니다. 주님이 한 남자를 보시고 물었습니다.
　"낫기를 원하시오." 병든 사람이 말하였습니다. "선생님, 물이 움직이기 시작할 때 제가 연못 안으로 들어갈 수 있게 도와주는 사람이 없습니다. 주님은 말씀하시기를 "일어나서 침상을 들고 걸어가시오." 그 즉시 병에서 나았습니다.

전능하신 하나님 창 43:14

요셉의 생애와 삶이 예수 그리스도의 모형일 뿐만 아니라 섭리하시는 하나님의 모형이 된다는 것을 배울 수 있습니다.

첫째, 모든 일의 배후에는 하나님의 계획이 있습니다.

인생의 모든 사건의 배후에는 하나님이 있습니다. 하나님이 정하신 목적이 있다는 말입니다. 창 43장을 보면 요셉의 형제들의 심한 감정의 기복을 볼 수 있습니다.

18절을 봅시다. "그 사람들이 요셉의 집으로 인도되매 두려워하여 이르되 전일 우리 자루에 넣여 있던 돈의 일로 우리가 끌려드는도다." 두려워합니다. 그러다 23절에 요셉의 청지기가 "너희는 안심하라 두려워 말라"라고 하니까 안심하고 있습니다.

둘째, 하나님의 계획과 어느 시점까지는 숨겨져 있습니다.

하나님의 계획과 목적이 어느 시점까지는 숨겨져 있다는 것입니다. "내 계획은 이런 것이다!"라고 하시면서 다 보여주시지 않으십니다. 하나님의 섭리는 인간들에게 숨겨져 있습니다.

하나님은 인간들이 이 섭리를 다 알기를 원치 아니하십니다. "섭리의 목적은 영원한 것이고 유익한 것이다."라는 정도만 알려주실 뿐이십니다.

29절, "요셉이 눈을 들어 자기 어머니의 아들 자기 동생 베냐민을 보고 가로되 너희가 내게 말하던 너희 작은 동생이 이냐 그가 또 가로되 소자여 하나님이 네게 은혜 베푸시기를 원하노라." 동생 베냐민을 몇 년 만에 만난 것입니까? 22년 만에 만났습니다. 30절에 보니까 "마음이 타는 듯 했다"고 기록하고 있습니다.

그래서 안방으로 들어가서 실컷 울었습니다. 그리고 31절을 보니, "얼굴을 씻고, 그 정을 억제하고, 음식을 차리라!" 명령하고 나옵니다.

셋째, 하나님의 계획은 이따금 힌트처럼 드러납니다.

커튼을 잠깐 열어서 잠깐잠깐 보여주실 때가 있는 것입니다. 33절을 보면 요셉이 점심 초대를 해 놓고 형제들을 장유의 차서대로 앉혔다는 것을 볼 수 있습니다.

아들이 열둘이 있다면 가끔 그 아들들의 순서가 헷갈리기도 할 것입니다. 하지만 처음 보는 애굽의 총리가 자신들을 장유의 차서대로 앉혔다는 것은 요셉이 힌트를 주고 있는 것입니다. 이들은 눈치를 챌 수 있었습니다.

'우리의 장유의 순서를 알고 있고 허구한 날 하나님의 이름이 거론되는 것을 보니 이 사람은 우리와 신앙도 같고 우리의 집안에 대해 잘 알고 있는 사람이구나. 우리의 아버지에 대해서도 자꾸 묻고 하니 우리를 해치지는 않겠구나.'라고 말이죠.

하나님은 우리를 향해 계획을 갖고 계시고 그것을 숨겨 놓으셨지만 가끔은 우리에게 보여주십니다.

합력하여(롬 8:18) 유익하게 그 뜻을 이루시는 전능하신 하나님만 늘 믿고 최선을 다하여 믿고 맡기고 살아가면 하나님의 성취하시는 일로 말미암아 감사 찬송 드릴 때가 분명히 온다는 사실을 아시고, 견디시고 성령의 인도에 따라 지내시기를 바랍니다.

29. 창조의 하나님

♥ 창 5:2, 남자와 여자를 창조하셨고 그들이 창조되든 날에 하나님이 그들에게 복을 주시고 그들의 이름을 사람이라 일컬으셨더라

♪ **온 천하 만물 우러러** 69장

1. 온 천하 만물 우러러 다 주를 찬양하여라 할렐루야 할렐루야
저 금빛 나는 밝은 해 저 은빛 나는 밝은 달 하나님을 찬양하라
할렐루야 할렐루야 할렐루야
2. 힘차게 부는 바람아 떠가는 묘한 구름아 할렐루야 할렐루야
저 돋는 장한 아침해 저 지는 고운 저녁놀 하나님을 찬양하라
할렐루야 할렐루야 할렐루야
3. 너 선한 마음 가진 자 늘 용서하며 살아라 할렐루야 할렐루야
큰 고통 슬픔 지닌 자 네 근심 주께 맡겨라 하나님을 찬양하라
할렐루야 할렐루야 할렐루야
4. 주 은혜 받은 만민아 다 꿇어 경배하여라 할렐루야 할렐루야
성삼위일체 주님께 존귀와 영광 돌려라 주를 찬양 할렐루야
할렐루야 할렐루야 할렐루야 아멘

골 1:16, 만물이 그에게 창조되되 하늘과 땅에서 보이는 것들과 보이지 않는 것들과 혹은 왕권들이나 주권들이나 통치자들이나 권세들이나 만물이 다 그로 말미암고 그를 위하여 창조되었고 또한 그가 만물보다 먼저 계시고 만물이 그 안에 함께 섰느니라.

=욥 38:1-2, 39 〈하나님이 욥에게 폭풍우 가운데 말씀하시다〉

"무식한 말로 나의 뜻을 어둡게 하는 자가 누구냐? 너는 묻는 말에 대답하라. 내가 땅의 기초를 세울 때 너는 도대체 어디에 있었느냐."(: 2, 4, 12)

:12 네가 태어난 이후부터 한 번이라도 아침에게 명령하여 동을 트게한 적이 있었느냐? 그래서 새벽이 땅의 끝까지 빛을 비추어 악을 행하는 자를 멈추게 한 적이 있느냐? 빛이 어디에서 오고 어둠이 어디로 가는지 아느냐? 너는 눈 창고에 들어가 본 적이 있느냐? 더없이 메마른 땅에 물을 대고 그 곳에 싹을 돋게 하는 이가 누구인가? 누가 가슴에 지혜를 주고 마음에 총명을 주었더냐?

:39 너는 산에 사는 염소가 언제 태어나는지 아느냐? 사슴이 새끼 낳는 것을 본 적이 있느냐? 들소가 네게 온유하게 굴며 네 우리에서 하룻밤을 잘 것 같으냐? 네가 말에게 힘을주고 말의 목을 갈기로 옷 입혔느냐? 매가 두 날개로 남쪽으로 펴고 날 것을 네가 명령했느냐?

=요 2:1-8 〈예수님이 가나 혼인 잔치서 물로 포도주를 만드시다〉

가나라는 마을에서 혼인잔치가 열렸습니다. 예수님의 어머니도 참석하였고 주님 제자들도 초대 받았습니다. 한참후 포도주가 바닥 났습니다. 주님께서 하인들에게 핫아리에 물을 채우라고 말씀하시고 하인들은 채웠습니다.

그러자 주님께서는 "자 이제 그것을 퍼다가 잔치를 주관하는 사람에게 갖다 주어라."하고 말씀하시다.

하인들은 물을 떠서 잔치를 주관하는 사람에게 갖다 주었습니다. 하인이 떠다준 물을 잔치를 주관하는 사람이 맛보았을 때, 그 물은 포도주가 되어 있었습니다.

창조의 하나님 창 5:2

하나님의 천지창조에 대한 믿음이 우리에게 어떤 깨달음을 줄까요?

첫째, 우선 내가 누구인지를 깨닫게 해 줍니다.

성경은 하나님께서 우리를 친히 창조하셨다고 말씀합니다. 창 1:27을 보면 이렇게 말씀하셨습니다. "하나님이 자기 형상 곧 하나님의 형상대로 사람을 창조하시되 남자와 여자를 창조하시고"
하나님께서 다른 피조물들과 달리 우리 인간을 하나님의 형상대로 지으셨다는 것입니다.
창 2:7을 보면 이렇게 말씀합니다. "여호와 하나님이 땅의 흙으로 사람을 지으시고 생기를 그 코에 불어넣으시니 사람이 생령이 되니라." 하나님께서 다른 피조물들과 달리 흙으로 빚으신 뒤 그 코에 생기를 불어넣으셔서 생령이 되게 하셨다는 것입니다. 심혈을 기울이셔서 아주 특별한 작품으로 만드셨다는 것입니다
하나님이 우리 인간과 같이 하고자 하시는 하나님의 마음입니다. 영으로 만드신 것은 영이신 하나님이 우리 영에 계시고자 하시는 것을 알아야 합니다. 하나님이 창조하신 분으로 우리는 피조물로서 그분은 주인이시고 우리는 따르는 자인 것입니다
그분은 모든 것을 주시는 분이시고 우리는 받는 자로서 감사하며 쫓아갈 뿐인데, 아담과 하와는 자기 생각대로 하여 불순종 한 것입니다. 지금도 마찬가지입니다. 끝까지 말씀대로 순종하여야 될 줄로 믿습니다.

둘째, 다음으로 세상 만물이 무엇인지 깨닫게 해 줍니다.

성경은 이 세상 만물도 하나님께서 친히 만드셨다고 말씀하고 있습니다. 창 1장을 보면 하나님께서 6일 동안 세상 만물을 지으셨다는 것을 알 수 있습니다. 하늘과 땅과 바다와 공간을 만드셨습니다. 그리고 천체를

만드셨고, 식물을 만드셨고, 동물을 만드셨고, 나아가 사람을 만드셨습니다.

이 세상의 모든 만물을 그 어느 것 예외 없이 다 하나님께서 만드셨습니다.

셋째, 사람이 어떤 존재인지 깨닫게 해 줍니다.

성경을 보면 하나님께서 아담 말고 또 다른 사람 하와를 만드셨다고 말씀합니다. 창 2:16을 보면 이렇게 말씀하고 있습니다.
"여호와 하나님이 이르시되 사람이 혼자 사는 것이 좋지 아니하니 내가 그를 위하여 돕는 배필을 지으리라 하시니라." 하나님께서 아담 말고 또 다른 사람을 만드셨다는 것입니다.

여기에서 중요한 것은 아담 외에 또 다른 사람을 만드셨느냐 입니다.
혼자 사는 것이 좋지 않아 보이시기 때문입니다. 하나님 눈에는 사람이 혼자 사는 것은 외로워 보여서 좋지 않아 보인다는 것입니다. 사람들이 서로 사랑하며 함께 더불어 사는 것 그것이 하나님의 눈에는 아름답게 보인다는 것입니다.
다음으로, 혼자서는 하나님께서 주신 사명을 감당할 수 없기 때문입니다. 하나님께서 생육하고 번성하여 땅에 충만하라고 축복하셨습니다.(창 1:28) 그런데 이 축복은 혼자서는 이룰 수 없습니다. 서로 돕고 힘을 합해야만 이룰 수 있습니다.

📖 30. 예정의 하나님

> ♥ 엡 1:11, 모든 일을 그의 뜻의 결정대로 일하시는 이의 계획을 따라 우리가 예정을 입어 그 안에서 기업이 되었으니

🎵 **찬송하는 소리있어** 19장

1. 찬송하는 소리있어 사람 기뻐하도다
   하늘 아버지의 이름 거룩 거룩하도다
   세상 사람 찬양하자 거룩하신 하나님께
   할렐루야 할렐루야 할렐루야 아멘
2. 하나님의 나라 권세 영원토록 있도다
   하나님의 영광 나라 거룩 거룩 하도다
   하늘 보좌 계신 주님 세상 주관하시도다
   할렐루야 할렐루야 할렐루야 아멘
3. 하나님의 크신 섭리 그 뜻대로 되도다
   우리 아버지의 뜻은 거룩거룩하도다
   주여 속히 임하셔서 기쁜 날을 주옵소서
   할렐루야 할렐루야 할렐루야 아멘

행 4:28, 하나님의 권능과 뜻대로 이루려고 예정하신 그것을 행하려고 이 성에 모였나이다.

엡 3:10-11, 이는 이제 교회로 말미암아 하늘에 있는 통치자들과 권세들에게 하나님의 각종 지혜를 알게 하려 하심이니 곧 영원부터 우리 주 예수 그리스도 안에서 예정하신 뜻대로 하신 것이라.

=창 25:21-26 〈쌍둥이 에서와 야곱의 출생〉

　이삭의 아내는 아이를 낳지 못했습니다. 그래서 이삭이 아내를 위해 여호와께 기도를 드리니 들어주시므로 아내가 임신을 하게 되었습니다.
　그런데 뱃속에 있는 아기들이 서로 다투었습니다. 리브가는 어찌하여 내게 이런 일이 일어나는가라고 생각하며 여호와께 여쭈었습니다. 여호와께서 "두 나라가 네 몸 안에 있다. 두 백성이 네 몸에서 나누어질 것이다. 한 백성이 다른 백성보다 강하고 형이 동생을 섬길 것이다."
　낳고 보니 먼저 나온 아이는 몸이 붉고 그 피부가 마치 털옷 같았습니다. 그 이름을 에서라고 짓다. 나중에 나온 아이는 에서의 발꿈치를 붙잡고 있었으므로 야곱이라고 불렀다.

=롬 9:11-16 〈약속의 자녀 예정의 자녀, 하나님 뜻대로〉

　이삭의 자식들이 나지도 아니하고 무슨 선이나 악을 행하지 아니한 때에 택하심을 따라 되는 하나님의 뜻이 행위로 말미암지 않고 오직 부르시는 이로 말미암아 서게 하려 하사 바로 불러 주시는 분의 뜻에 따라 달려 있다는 것을 보여주기 위한 것입니다.
　그렇다면 우리가 무엇을 말할 수 있겠습니까? 하나님이 공정 하지 못하시다고 말 할수 있겠습니까? 그럴 수 없습니다.
　하나님께서 모세에게 "내가 자비를 베풀고자 하는 사람에게 자비를 베풀고 불쌍히 여기고자하는 사람을 불쌍히 여기겠다" 라고 하셨습니다. 그러므로 모든 것이 사람의 요구나 노력에 달려있는 것이 아니라 하나님의 자비에 달려있는 것입니다.

예정의 하나님 엡 1:11

모든 만사를 다 하나님께서 미리 정하신 것입니다.

=어떤 방법으로 하시는가?
-하나님을 더듬어 찾도록 하기 위하여
-행 17:27, 예수의 형상을 본받기 위하여, 롬 8:29-"하나님이 미리 아신 자들을 또한 그 아들의 형상을 본 받게 하기 위하여 미리 정하셨으니 이는 그로 많은 형제 중에서 맏아들이 되게 하려 하심이니라."
-엡 1:4, 거룩하고 흠이 없게 하시려고
-엡 1:11, 하나님의 기업이 되게 하기 위해서
-고전 2:7, 우리의 영광을 위해서

=하나님의 생각은?
-하나님의 뜻대로, 행 2:23-"하나님께서 정하신 뜻과 미리 아신대로 내준 바 되었거늘…"
-롬 8:30, 미리 정하심
-엡 1:5, 하나님의 기쁘신 뜻대로
-엡 1:9, 그리스도 안에서
-딤후 1:9, 하나님의 은혜대로 하심

=예정을 믿으면
-행 13:48, 믿음을 갖게 됨
-엡 2:10, 그리스도 안에서 선한 일을 행하려고 함
-엡 3:11-12, 하나님께 당당히 나가는 생활
-딛 1:2, 영생의 소망을 가지게 됨

31. 기적의 하나님

> ♥ 대상 16:24, 그의 영광을 모든 민족 중에 그의 기이한 행적을 만민 중에 선포할지어다

♪ 오 놀라운 구세주 391장

1. 오 놀라운 구세주 예수 내 주 참 능력의 주시로다
   큰 바위 밑 안전한 그 곳으로 내 영혼을 숨기시네
2. 오 놀라운 구세주 예수 내 주 내 모든 짐 벗기시네
   죄악에서 날 끌어 올리시며 또 나에게 힘 주시네
3. 측량 못할 은혜로 채우시며 늘 성령의 감화주사
   큰 기쁨 중 주님을 찬양토록 내 믿음을 도우시네
4. 주 예수님 공중에 임하실때 나 일어나 맞이하리
   그 구원의 은총을 노래하리 천군과 천사 함께

후렴) 메마른 땅을 종일 걸어가도 나 피곤치 아니하며 저 위험한 곳
   내가 이를 때면 큰 바위에 숨기시고 주 손으로 덮으시네

시 40:5, 여호와 나의 하나님이여 주께서 행하신 기적이 많고 우리를 향하신 주의 생각도 많아 누구도 주와 견줄 수가 없나이다. 내가 널리 알려 말하고자 하나 너무 많아 셀수도 없나이다.

시 111:3-4, 그의 행하시는 일이 존귀하고 엄위하며 그의 의가 영원히 서 있도다 그의 기적을 사람이 기억하게 하셨으니 여호와는 은혜로우시고 자비로우시도다.

=출 8:16-22, <여호와의 기적이 모세 통해, 티끌이 이와 파리떼 되게 하심>

:16 여호와께서 모세에게 말씀하셔서 "아론에게 지팡이로 땅위에 먼지를 치라고 말하여라 그러면 온 애굽의 먼지가 이로 변할 것이다." 모세와 아론은 그대로 했습니다. 아론은 손에 들고 있던 지팡이로 땅위의 먼지를 쳤습니다. 그러자 이가 사람과 짐승의 몸속에 생겨 났습니다. 마술사들이 바로에게 말하기를 "이 일은 하나님의 능력으로 된 일입니다."

:20 여호와께서 모세에게 말씀하시기를 "아침 일찍 일어나서 바로를 만나라 그가 강으로 나올 것이니 그에게 이렇게 전하여라 여호와께서 이렇게 말씀 하셨습니다. 내 백성을 내보내어 나를 예배할 수 있게 하여라. 만약 내 백성을 내보내지 않으면 내가 파리떼를 너와 네 신하들과 네 백성들과 네 집에 보낼 것이다. 하지만 그날에 나는 내 백성이 살고 있는 고센 땅은 따로 구별하여 그 곳에는 파리가 없게 할 것이다. 이 일을 통해 너는 나 여호와가 이 땅에 있다는 것을 알게 될 것이다."

주님은 많은 기적을 베푸시는 권능자이십니다.

기적의 하나님 시 40:5

'주의 행하신 기적'이라는 말씀입니다.

첫째, 기다림으로 인한 기적(1절)

"내가 여호와를 기다리고 기다렸더니 귀를 기울이사 나의 부르짖음을 들으셨도다." 다윗은 여호와를 기다림으로 기적을 체험하였습니다. 우리의 기도는 때로 즉답으로 응답해주실 때가 있습니다. 그러나 때로는 기도한 후에 기다리고 기다려야 하는 경우도 허다합니다. 하박국 선지자는 이렇게 말씀합니다.(합 2:3)

하나님께서는 우리의 기도를 들으시고 언제든지 정시에 응답하십니다. 인간이 볼 때는 더딘 것 같지만 하나님은 반드시 정한 때에 응답하십니다. 그러므로 우리에게는 기다림이 필요합니다.

둘째, 새 노래를 입에 두신 기적(2-4절)

다윗은 새 노래 즉 '우리 하나님께 올릴 찬송'을 내 입에 두셨다고 말씀합니다. 다윗의 노래는 많은 사람으로 하여금 두렵게 만드는 노래였고 하나님을 의지하게 만드는 노래였습니다. 그러면 다윗이 새 노래를 부르게 된 이유가 어디에 있습니까?(시 40:2)

'표준새번역'에서 "기가 막힐 웅덩이와 수렁"을 "멸망의 구덩이, 진흙탕"이라고 번역하였고, '공동번역'에서는 "죽음의 구렁, 진흙 수렁"이라고 번역하고 있습니다. 기가 막힐 웅덩이와 수렁'은 무엇을 말합니까? '기가 막힌다.'는 것은 절대 불가능, 절망적인 상황을 말합니다. '웅덩이와 수렁'은 한 번 빠지면 자꾸 빠져 들어가서 나올 수가 없는 환난을 의미합니다.

셋째, 생각하시는 기적(5, 17절)

시 40:5, "여호와 나의 하나님이여 주의 행하신 기적이 많고 우리를 향하신 주의 생각도 많도소이다 내가 들어 말하고자 하나 주의 앞에 베풀 수도 없고 그 수를 셀 수도 없나이다." 다윗은 하나님께서 행하신 기적이 많다고 말씀합니다. 뿐만 아니라 '우리를 행하신 주의 생각도 많도소이다.' 라고 말합니다. 어느 정도 많습니까? "내가 들어 말하고자 하나 주의 앞에 베풀 수도 없고 그 수를 셀 수도 없나이다."라고 말합니다. 하나님께서 우리를 생각하신다는 것은 기적입니다.

1) 아브라함

소돔과 고모라를 멸망시킬 때 롯이 어떻게 해서 구원을 받았습니까?

창 19:29, "하나님이 들의 성들을 멸하실 때 곧 롯의 거하는 성을 엎으실 때에 아브라함을 생각하사 롯을 그 엎으시는 중에서 내어 보내셨더라." 아브라함을 생각하사 롯을 그 엎으시는 중에서 구원해 주신 것입니다. 이것이 기적이 아니고 무엇이겠습니까?

2) 라헬

야곱의 사랑하는 아내였던 라헬은 아이를 낳지 못하였습니다. 그런데 하나님께서 라헬을 생각해 주시므로 어떤 일이 일어났습니까?

창 30:22-23, "하나님이 라헬을 생각하신지라 하나님이 그를 들으시고 그 태를 여신고로 그가 잉태하여 아들을 낳고 가로되 하나님이 나의 부끄러움을 씻으셨다 하고." 이것이 바로 기적입니다.

3) 삼손

사사시대 삼손이 들릴라의 무릎에 누워 자다가 머리가 깎이고 두 눈이 뽑힌 채 맷돌을 돌리는 처절한 모습을 볼 수 있습니다. 블레셋 사람들이 삼손이 재주를 부리는 것을 보려고 다곤 신전에 3천 명 가량 모였을 때 삼손은 "이번만 나로 강하게 하사 블레셋 사람이 나의 두 눈을 뺀 원수를 단번에 갚게 하옵소서."라고 기도하였습니다. 하나님께서 삼손을 생각하여 주신 결과 어떤 일이 벌어졌습니까?

삿 16:30, "가로되 블레셋 사람과 함께 죽기를 원하노라 하고 힘을 다하여 몸을 굽히매 그 집이 곧 무너져 그 안에 있는 모든 방백과 온 백성에게 덮이니 삼손이 죽을 때에 죽인 자가 살았을 때에 죽인 자보다 더욱 많았더라."

4) 한나

하나님이 생각하여 주시므로 또 다른 기적을 체험한 사람이 있습니다. 기도의 사람 한나입니다. 한나는 아이를 낳지 못하여 서럽고 통한의 세월을 보내야 했습니다. 그래서 한나는 기도하였습니다.

삼상 1:11, "… 고통을 돌아보시고 나를 생각하시고 주의 여종을 잊지 아니하사 아들을 주시면 내가 그의 평생에 그를 여호와께 드리고 삭도를 그 머리에 대지 아니하겠나이다."

하나님이 생각하여 주셔서 주신 아들이 누구입니까? 사무엘입니다. 기가 막힐 웅덩이와 수렁에 빠지셨습니까? 하나님은 광대하신 분이시기 때문입니다. 주님께서 행하시는 기적을 체험하시기를 주님의 이름으로 축원합니다.

32. 심판의 하나님

♥ 롬 14:10, 네가 어찌하여 네 형제를 심판하느냐 어찌하여 네 형제를 업신여기느냐 우리가 다 하나님의 심판대 앞에 서리라

♪ 예수가 함께 계시니 325장

1. 예수가 함께 계시니 시험이 오나 겁없네
기쁨의 근원되시는 예수를 위해 삽시다
2. 이 세상 사는 동안에 주 이름 전파하면서
무한한 복락 주시는 예수를 위해 삽시다
3. 이 세상 친구 없어도 예수는 나의 친구니
불의한 일을 버리고 예수를 위해 삽시다
4. 주께서 심판 하실 때 잘했다 칭찬하리니
이러한 상급 받도록 예수를 위해 삽시다
후렴) 날마다 주를 섬기며 언제나 주를 기리고
그 사랑 안에 살면서 딴길로 가지 맙시다

삼상 2:10, 여호와를 대적하는 자는 산산이 깨어질 것이라. 하늘에서 우레로 그들을 치시리로다. 여호와께서 땅 끝까지 내리시고 자기 왕에게 힘을 주시며 자기의 기름부음을 받은 자의 뿔을 높이시리로다.

약 2:13, 긍휼을 행하지 아니하는 자에게는 긍휼없는 심판이 있으리라. 긍휼은 심판을 이기고 자랑하느니라.

=삿 7:1-8 <기드온 300용사가 미디안 메뚜기 같이 많은 군사를 치다>

지원한 3만3천 중 300 명만이 용사로 선택되고 이에 양식과 나팔을 손에들다. 미디안의 진은 기드온이 있는 골짜기 아래에 있었습니다.

그 밤에 여호와께서 "일어나라 내려가서 미디안의 진을 공격하여라 내가 그들을 물리치도록 해 주겠다. 만약 두렵거든 종 부라를 데리고 가거라.

미디안의 진으로 내려가면 그들이 말하는 것을 듣게 될 것이다. 너는 그 말을 통해 용기를 얻어 공격할 수 있을 것이다."

미디안 사람들과 아말렉 사람들과 모든 백성이 그 골짜기에 진을 치고 있는데 그 수가 너무 많아 메뚜기 떼처럼 낙타도 바다 모래알처럼 셀수 없는 정도였습니다.

기드온이 적진으로 갔을 때 어떤 사람이 자기 친구에게 꿈 이야기 합니다.

보리빵 하나가 내려와 천막을 치니 다 무너졌다고 기드온이 이 얘기 듣고 하나님께 감사드리고 진으로 돌아오다.

군사들에게 여호와께서 이기게 하시는 것이다 라고 하고,

세 무리로 나누고 나팔과 항아리를 주었고 항아리 속에는 횃불이 들어 있었습니다.

나를 잘보고 따라 하시오 내가 저진 가장자리에 이르면 나팔이 불어지고 여호와를 위하여 기드온을 위하여 외치시오.

백 명이 먼저 들어가니 마침 보초를 막 바꾸고 이때 나팔불고 횃불 들고 여호와와 기드온을 위한 칼이여 하고 외치다.

심판의 하나님 롬 14:10

첫째, 심판자는 누구인가

-하나님의 손으로(신 32:41)
-예수님께서(마 16:27)
-예수님이 심판의 주(요 9:39)
-의로운 판단자 하나님(롬 2:5)
-공의로우신 하나님(살후 1:5)

둘째, 심판을 어떻게 하시는가(방법)

-그 행위대로(전 11:9, 계 20:13)
-심판의 책을 펴고(단 7:10)
-마지막 때 그 말씀이(요 12:48)
-죄를 밝히 드러내면서(딤전 5:24)

셋째, 심판을 받을 사람

-악을 행하는 자(시 59:18)
-거만한 자(잠 19:29)
-우상을 숭배하는 자(렘 1:16)
-회개치 아니함으로(겔 18:30)
-믿음을 저버리는 자(딤전 5:12)
-경건치 아니한 자(벧후 3:7)
-구원을 등한히 여기는 자(히 2:3)

넷째, 심판을 하시는 때는(언제인가?)

-하나님의 정하신 때(전 3:17)
-인자가 아버지의 영광 중에 오실 때(마 16:27)
-부활 시에(요 5:29)
-심판날을 정하고(행 17:31)
-장차에 심판(행 24:25)
-죽음 이후에(히 9:27)
-일시 간에(계 18:10)

다섯째, 심판을 면하려면

-하나님이 행하시는 일을 깊이 생각하라(시 64:9)
-주의 판단을 두려워하라(시 119:120)
-기도하여야 함(시 143:2)
-하나님을 믿고 예수의 말씀을 믿음으로(요 5:24)
-예수님의 말씀을 받어야 함(요 12:48)
-긍휼을 가졌음으로(약 2:13)
-서로 원망하지 말아야(약 5:9)
-사랑으로(요일 4:17)

🔖 33. 안식의 하나님

> ♥ 창 2:2, 하나님이 그가 하시던 일을 일곱째 날에 마치시니 그가 하시던 모든 일을 그치고 일곱째 날에 안식하시니라

♪ **즐겁게 안식할 날** 43장

1. 즐겁게 안식할날 반갑고 좋은 날
  내 맘을 편케하니 즐겁고 기쁜 날
  이 날에 천하 만민 다 보좌 앞에서
  참되신 삼위일체 다 찬송부르네
2. 이 날에 하늘에서 새 양식 내리네
  성회로 모이라고 종소리 울리네
  복음의 밝은 빛은 온 세상 비치며
  또 영생 물이 흘러 시원케 하시네
3. 이 주일 지킴으로 새 은혜 입어서
  영원히 쉬는 곳에 다 올라갑시다
  성부께 찬미하고 성자와 또 성령
  참되신 삼위일체 다 찬송부르세. 아멘

신 5:12, 네 하나님 여호와가 네게 명령한 대로 안식일을 지켜 거룩하게 하라.
사 28:12-13, 전에 그들에게 이르시기를 이것이 너희 안식이요 이것이 너희 상쾌함이니 너희는 곤비한 자에게 안식을 주라 하셨으나 그들이 듣지 아니하셨으므로 여호와께서 그들에게 말씀하시되 경계에 경계를 더하며 경계에 경계를 더하며 교훈에 교훈을 더하며

=레 25:1-6 〈땅의 안식에 대한 말씀〉

여호와께서 시내산에서 모세에게 말씀하였습니다.

"이스라엘 백성에게 전하여라 내가 너희에게 줄 땅으로 들어가면 너희는 그 땅이 여호와를 위하여 안식할 수 있도록 특별한 시간을 주어라. 6년 동안은 땅에 씨를 뿌려도 좋고 포도밭을 가꾸어 열매를 거두어도 좋다.

그러나 7년째 되는 해에는 땅을 쉬게 하여라. 그 해는 여호와를 위해 쉬는 해이니 너희는 땅에 씨를 뿌리거나 포도원을 가꾸는 일을 하지 말라.

하지만 너희는 '씨를 뿌리지도 않고 심은 것을 거두어들이지도 않는다면 일곱째 해에는 무엇을 먹고 삽니까.' 하고 물을 것이다.

내가 여섯째 해에는 너희에게 큰 복을 주리니 그 해에 땅에서는 삼년 도 먹을 작물이 나올 것이다."

=사 58:13-14 〈안식일을 지키면 하나님의 은혜는?〉

안식일에 네 발을 금하여 내 성일에 오락을 행하지 아니하고 안식일을 일컬어 즐거운 날이라 여호와의 성일을 존귀한 날이라 하여 이를 존귀하게 여기고 네 길로 행하지 아니하며 네 오락을 구하지 아니하며 사사로운 말을 하지 아니하면 네가 여호와 안에서 즐거움을 얻을 것이라 내가 너를 땅의 높은 곳에 올리고 네 조상 야곱의 기업으로 기르리라 여호와의 입의 말씀이니라.

안식의 하나님 창 2:2

어떤 사람이 안식의 주인공이 되나요? 안식은 일을 한 사람에게 주어지는 은총입니다. 우리가 일할 때에는 몇 가지의 원칙이 있습니다.

첫째, 의미 있는 일을 합니다.

사랑하는 가족을 위하여 음식을 만드는 주부는 행복을 느낄 수 있습니다. 일을 해도 의미 있는 일을 해야 합니다. 그리고 일하면서 의미를 찾아야 합니다. 세상을 살아가는데 멋지게 사는 사람들이 많습니다. 어떤 사람입니까?

1) 매사를 긍정으로 보고 말하는 사람입니다.
부정으로 말하면 말할 게 많습니다. 매사를 긍정으로 볼 여유를 가져야 합니다.
2) 하나님의 뜻에 무조건 순종하는 사람입니다.
아브라함같이 마음에 결심이 있어야 합니다. 순종이라는 말은 내게 유익하기에 따르는 것을 말하는 것이 아닙니다. 손해가 되는데 따르는 것이 순종입니다.
3) 최선을 다하여 자기의 임무를 수행하는 사람입니다.
요양원에서 자기 부모 이상 돌보는데 돈도 받지 않으면서 섬겨주더라는 것입니다. 그분들이야 말로 삶을 멋지게 사는 분들입니다.

둘째, 기쁨으로 일하는 사람입니다.

기쁘게 일한 사람이 기쁨으로 안식하게 됩니다. 일을 하는 목적이 분명하다면 기쁘게 일할 수 있습니다. 이왕에 하는 일은 기쁨으로 해야 합니다. 일하는 것을 즐기세요. 그러면 행복합니다. 일에 취한 사람을 일중독자라고 합니다.

1) 창조적인 일을 해야 합니다.

하나님이 안식하셨습니다. 일하시고 안식하시게 된 것입니다. 무슨 일을 하셨나요? 창조하는 일을 하셨습니다. 창조라는 말은 다른 사람들이 하지 않는 일, 새롭게 하는 일을 말합니다. 새롭게 하려고 하면 얼마든지 새 것이 나옵니다.

2) 새 일을 하기 위한 안식은 은총입니다.

안식이 무엇입니까? 안식을 삶의 재충전, 미래의 충전이라고 말합니다. 배터리가 다 소모되었으면 충전해야 합니다. 안식은 영적으로 충전의 기회입니다. 앞으로 더 큰일을 위해서 안식이 필요합니다. 새 일을 해야 합니다. 그러므로 자신의 몸을 돌봐야 합니다.

셋째, 영혼의 안식이어야 은총의 안식입니다.

우리의 안식은 천국의 안식의 예표이기도 합니다. 세상에서 열심히 일한 사람에게 안식이 주어진다는 교훈이 있습니다. 성경에서 가르쳐주는 안식은 더 넓은 의미가 있습니다.

1) 기본적인 의미는 자유를 얻는 것입니다.

일에서 자유합니다. 일을 꼭 해야 한다는 것은 그야말로 고역입니다. 이스라엘이 애굽에서 나와서 자유를 얻었습니다. 이스라엘의 안식은 자유인의 선언이요, 인간해방의 약속입니다. 진정한 안식은 감사, 찬양, 기쁨이 넘쳐나야 합니다.

2) 영적인 안식이란 주 안에서 쉼을 얻는 것을 말합니다.

쉰다는 것은 일을 중단하고 가만히 앉아있는 것을 말하는 것이 아닙니다. 즐기는 것입니다. 예를 들어 직장에서 열심히 일하던 사람이 휴가를 얻었습니다. 영적인 안식은 하나님과 관계 속에서 얻어지는 만족감입니다. 기도하고 말씀을 읽거나 묵상할 때 얻어지는 위로와 격려가 있게 됩니다. 이런 안식을 얻은 사람은 은총의 안식을 누리는 것입니다.

3) 거룩하게 복 받는 날로 지키는 것이 영적인 안식입니다.

하나님께서 안식하시고 안식의 제도를 우리에게 허락하셨습니다. 진정한 영적인 안식은 거룩하게 지켜야 한다는 것입니다. 물어보세요. 왜 자녀들에게 통제를 가합니까? 공부하라 일찍이 일어나라. 어디는 가지 말라. 그렇게 먹고 싶은 아이스크림은 먹지 말라. 답은 사랑하기 때문입니다. 하나님께서 우리에게 주신 계명이 있습니다. 그 계명은 사랑이 대주제입니다.

안식을 안식일로 지키는 사람은 복을 주신다고 하였습니다. 건강의 복을 주십니다. 우리가 사는 세상은 항상 분주하게 살게 되어 있습니다. 쉼을 허락하신 분은 하나님이십니다. 일하고 쉬라고 하십니다. 기쁨으로 주의 일에 힘쓰면서 안식의 은총을 입으시기를 바랍니다.

안식은 자유를 선포하심입니다. 죄에서 일에서 자유를 얻는 안식이 은총입니다. 해방 받아야 합니다. 탐욕에서 해방되어야 합니다. 구원의 은혜를 즐거워하는 안식이 있어지기를 바랍니다. 영적인 안식이 은총입니다.

34. 무소불능의 하나님

♥ 욥 42:2, 주께서는 못하실 일이 없사오며 무슨 계획이든지 못 이루실 것이 없는 줄 아오니

♪ 전능하고 놀라우신 30장

1. 전능하고 놀라우신 나의 주님 구세주
   거룩하신 은혜의 왕 주를 경배합니다
2. 하늘 위에 계신 주님 참된 빛이 되시니
   이 세상의 모든 나라 주께 영광 돌리네
3. 하늘나라 보좌에서 죄악 많은 세상에
   우리 구원하시려고 주님 세상 오셨네
4. 영원하신 우리 주님 어서 속히 오셔서
   주의 모든 성도들을 천국 인도하소서
후렴) 영광 영광 주의 이름 찬양해
   영광 영광 귀한 이름 찬양해. 아멘

눅 1:37, 대저 하나님의 모든 말씀은 능하시 못하심이 없느니라.

빌 4:12-13, 나는 비천에 처할 줄도 알고 풍부에 처할 줄도 알아 모든 일 곧 배부름과 배고픔과 풍부와 궁핍에도 처할 줄 아는 일체의 비결을 배웠노라. 내게 능력 주시는 자 안에서 내가 모든 것을 할수 있느니라.

=막 9:17-29 ⟨예수님 벙어리 귀신들린 아이를 일으키시다⟩

무리 중에 한 사람이 "선생님 더러운 귀신이 들려 말을 못하는 제 아들을 데리고 왔습니다. 이 귀신이 아이를 사로잡으면 넘어지고 입에 거품을 물고 이를 갈면서 몸이 뻣뻣해 집니다."

주님이 대답하시기를 "이 믿음이 없는 세대여! 내가 너희를 얼마나 더 두고 보아야 하느냐? 내가 얼마나 너희와 함께 있어야 하느냐? 그를 내게로 데리고 오라!"

제자들이 데리고 왔고, 악한 귀신이 주님을 보자마자 경련을 일으켰습니다.

어려서부터 이렇습니다. 귀신이 자주 이 아이를 죽이려고 불속이나 물속에 내던지기도 하였습니다. 할 수만 있다면 불쌍히 여기시고 도와 주십시오."

예수님께서 말씀하셨습니다. "할 수 있다면이 무슨 말이냐? 믿는 사람에게는 모든 것이 가능하다." 아버지가 즉시 소리쳤습니다.

"제가 믿습니다! 제 믿음 없는 것을 도와주십시오!"

예수님께서 많은 사람들이 달려와 모여드는 것을 보시고 더러운 귀신을 꾸짖으셨습니다.

"이 듣지 못하고 말 못하게 하는 귀신아 내가 너에게 명령한다. 소년에게서 나와 다시는 들어가지 마라!"

더러운 귀신은 소리를 지르고 소년에게 경련을 일으키게 하고 나갔습니다. 그 뒤에 제자들이 조용히 여쭈었습니다. "어째서 우리는 내쫓지 못했습니까?"

예수님께서는 "이런 종류의 귀신은 오직 기도로만 쫓아낼 수 있다."고 대답하셨습니다.

무소불능의 하나님 `욥 42:2`

욥은 모든 시험과 재난을 이겨내고 이전보다 갑절의 복을 받습니다. 기적입니다. 하나님의 축복입니다. 그 원인이 무엇입니까? 기도입니다. 그의 기도에 기적의 함수가 있었던 것입니다.

그렇다면 기도와 기적에는 어떤 함수가 있을까요?

첫째, 반전의 기적이 일어납니다.(10절)

-반대 방향으로 구르거나 돈다.
-위치, 방향, 순서 따위가 반대로 됨과 일의 형세가 뒤바뀜
지금까지 욥은 계속 수세에 몰려 있었습니다. 주눅이 들어 있었고 기를 펴지 못했습니다.

둘째, 온갖 문제가 해결되는 기적입니다.(10절)

그가 환란을 겪은 기간에 대하여 성경은 침묵하고 있습니다. 그래서 몇 년간 고난을 당했는지는 알 길이 없습니다. 하지만 결코 짧은 기간은 아니었을 것입니다. 그런데 하나님은 그의 모든 문제를 해결하여 주셨습니다. 재물과 재산의 문제가 해결되었습니다. 갑부가 되었습니다. 자녀들을 다시 낳았습니다.

셋째, 깊은 영적인 사람이 되는 기적입니다.(10-17절)

본문에서와 같이 축복을 받은 것 자체가 영적인 큰 체험입니다. 기독교는 영적인 종교입니다. 기도는 영적인 일입니다. 기적은 영적으로 깊어질 때 나타나는 하늘의 일입니다. 육적으로 가까워질수록 영적인 능력은 나타나지 않습니다. 영적으로 신령해질수록 육적인 일과 생각은 둔화됩니다. 영적인 사람들은 비범합니다. 영적 통찰력이 있습니다

「고든」의 말.

"기도할 때 최우선적으로 해야 할 것은 하나님의 목적, 방향과 움직이심을 알아내는 것입니다. 그리고 나서 그 분의 목적을 우리의 기도로 삼는 것입니다."

「스드로우 박스터」의 말.

"사람들은 우리의 호소를 일축하고 우리의 복음을 거절하고, 우리의 주장을 반대하고, 우리의 성도들을 경멸할 수 있을지 모르지만, 우리의 기도에 대해서는 꼼짝 못한다."

「조풀」박사의 주장.

"나는 열 사람에게 설교를 가르치기보다는 한 사람에게 기도를 가르치고 싶다."

「사무엘 차드렉」의 말.

"악마의 한 가지 관심은 그리스도인들이 기도를 하지 못하게 하는 것이다."

35. 긍휼의 하나님

♥ 대상 21:13, 다윗이 갓에게 이르되 내가 곤경에 빠졌도다. 여호와 께서는 긍휼이 심히 크시니 내가 그의 손에 빠지고 사람의 손에 빠지지 아니하기를 원하나이다 하는지라

♪ 어둔 죄악 길에서 523장

1. 어둔 죄악 길에서 목자 없는 양같이 모든 사람 길 찾아 헤맨다
 자비하신 하나님 독생자를 보내사 너를 지금 부르니 나오라
2. 험한 십자가 위에 달려 돌아가신 주 다시 살아나셨네 기쁘다
 죄인 구원하실 때 어서 주께 나아와 크신 은혜 구하라 구하라
3. 주의 귀한 말씀에 영원 생명 있나니 주님 너를 용서해 주신다
 주가 부르실 때에 힘과 정성 다하여 주의 은혜 받으라 받으라
4. 세월 빨리 흐르고 세상 친구 가는데 너의 영혼 오늘밤 떠나도
 주의 구원받으면 천국에서 영원히 주와 함께 살리라 살리라
후렴) 이때라 이때라 주의 긍휼받을 때가 이때라
 지금 주께 나아와 겸손하게 아뢰라 구원함을 얻으리 얻으리

시 69:16, 여호와여 주의 인자하심이 선하시오니 내게 응답하시며 주의 많은 긍휼에 따라 내게로 돌이키소서.

눅 1:78-79, 이는 우리 하나님의 긍휼로 인함이라 이로써 돋는 해가 위로부터 우리에게 임하여 어둠과 죽음의 그늘에 앉은 자에게 비치고 우리 발을 평강의 길로 인도하시리로다.

=삼하 24:1-15 〈하나님이 인구조사한 다윗에게 시련을 내리다〉

여호와께서 또 다시 이스라엘 백성에게 진노하셨습니다. 그래서 여호와께서는 다윗의 마음속에 이스라엘 백성의 수를 세려는 충동을 불어넣으셨습니다.

다윗이 말하기를 "가서 이스라엘과 유다 백성의 수를 세어 보아라." … 그러나 요압이 왕에게 말했습니다. "왕의 하나님 여호와께서 왕에게 백 배나 더 많은 백성을 주시기 바랍니다. 그리고 그런 일이 일어날 때까지 왕께서 살아 계시기 바랍니다. 하지만 왕께서는 어찌하여 이런 일을 하려 하십니까?"

그러나 요압과 지휘관들은 왕의 명령을 따르게 되고 수를 세려 나갔습니다. … 각 성으로 가고 그들은 유다 남쪽 브엘세바까지 갔습니다. 이들은 9개월 20일 만에 모든 땅을 두루 다니고 돌아왔습니다.

이스라엘은 80만 명, 유다는 50만 명이 있었습니다.

인구조사가 끝나자 다윗은 자기가 잘못햇다는 생각이 들었습니다. 다윗이 아침에 일어나기 전에 여호와께서 갓에게 말씀하셨습니다. "가서 다윗에게 전하여라 여호와께서 이렇게 말씀하시고 내가 너에게 세 가지를 내놓겠다. 그 중에 하나를 골라라."

갓은 다윗에게 말하기를 "이 세 가지 중에 하나를 고르십시오. 왕과 왕의 땅에 7년동안 가뭄이 드는 것, 왕의 원수가 3달동안 뒤쫒는 것, 왕의 나라에 3달 동안 염병이 도는 것 잘생각 해보고 선택해 주십시오."

왕은 갓에게 "정말로 큰일 났구려, 여호와께서는 긍휼이 크시니 여호와께서 주시는 벌을 받는 편이 좋겠소."

그리하여 3일 동안 7만 명이나 죽었습니다.

긍휼의 하나님 대상 21:13

하나님은 우리를 긍휼히 여기십니다. 언제나 불쌍하게 보십니다.

=하나님의 긍휼에 대한 묘사
-크다(사 54:7)
-확실함(사 55:3)
-무궁함(애 3:22)
-아침마다 새로움(애 3:22-23)
-불붙는 듯함(호 11:8)
-많다(벧전 1:3)

=하나님이 베푸시는 긍휼의 특징
-충분히 베푸심(시 78:38)
-끊임 없이 베푸심(애 3:22)
-자의로 베푸심(눅 15:20)
-주권적으로 베푸심(롬 9:15)

=하나님의 긍휼이 나타나는 곳
-그리스도의 사명에서(눅 1:72, 78)
 하나님의 섭리(빌 2:27)
-구원하심(딛 3:5)
-거듭나게 하심(벧전 1:3)

=그리스도께서 긍휼을 베푸시는 대상
-죄짐을 진 자(마 11:28-30)
-무리(마 15:32)
-무력한 자(막 9:20-22)
-슬퍼하는 자(눅 7:13, 14)

-시험 받는 자(히 2:18)
-무식한 자(히 5:2)

=그리스도인과의 관계
-예수께서 가르치신 삶의 원리(마 5:7)
-헌신의 이유(롬 12:1)
-받은 은사로 실행함(롬 12:8)
-하나님의 긍휼로 인하여 구원받음(고전 7:25)
-긍휼에 대한 명령(골 3:12)
기도로 하나님의 긍휼을 받음(히 4:16)
소망의 이유(유 1:21)

🔖 36. 언약의 하나님

> ♥ 신 29:12, 네 하나님 여호와의 언약에 참여하며 또 네하나님 여호와께서 오늘 네게 하시는 맹세에 참여하여 여호와께서 네게 말씀하신대로 또 네 조상 아브라함과 이삭과 야곱에게 맹세하신대로 오늘 너를 세워 자기 백성을 삼으시고 그는 친히 네 하나님이 되시려 함이니라

♪ **주의 약속하신 말씀 위에서** 546장

1. 주님 약속하신 말씀 위에서 영원토록 주를 찬송하리라
   소리 높여 주께 영광 돌리며 약속 믿고 굳게 서리라
2. 주님 약속하신 말씀 위에서 세상 염려 내게 엄습할 때에
   용감하게 힘써 싸워 이기며 약속 믿도 굳게 서리라
3. 주님 약속하신 말씀 위에서 영원하신 주의 사랑 힘입고
   성령으로 힘써 싸워 이기며 약속 믿고 굳게 서리라
4. 주님 약속하신 말씀 위에서 성령 인도하는 대로 행하며
   주님 품에 항상 안식 얻으며 약속 믿고 굳게 서리라
후렴) 굳게 서리 영원하신 말씀 위에 굳게 서리
   굳게 서리 그 말씀 위에 굳게 서리라

시 44:17, 이 모든 일이 우리에게 임하였으니 우리가 주를 잊지 아니 하며 주의 언약을 어기지 아니 하였나이다.

시 19:7, 여호와의 교훈은 정직하여 마음을 기쁘게 하고 여호와의 계명은 순결하여 여호와의 눈을 밝게 하시도다

=창 2:15-17 〈에덴 동산의 아담과의 첫 언약〉

여호와 하나님의 명령이 "너는 동산에 있는 모든 나무의 열매를 마음대로 먹어라 그러나 선악을 알게하는 나무의 열매만은 먹지마라. 만약 그 나무의 열매를 먹으면 너는 반드시 죽을 것이다."

=출 24:3-8 〈하나님과 이스라엘이 언약을 맺음〉

모세는 백성에게 여호와의 모든 말씀과 규례를 전해 주었습니다. 그러자 모든 백성이 한 목소리로 대답했습니다. "우리는 말씀을 그대로 따르겠습니다. 모세는 여호와의 말씀을 다 적었습니다."

이튿날 모세는 아침 일찍 일어나서 산기슭에 제단을 쌓았습니다. 그리고 이스라엘 열두 지파를 위하여 돌 열두 개를 쌓았습니다.

모세는 언약의 책을 가져다가 백성에게 읽어 주었습니다. 그러자 백성은 "우리는 여호와께서 하신 말씀을 그대로 따르겠습니다. 우리는 주님께 복종하겠습니다." 라고 말했습니다. 모세는 그릇에 담긴 피를 가지고 백성에게 뿌리며 말했습니다. "이 피는 이 모든 말씀에 대하여 여호와께서 너희와 맺은 언약의 피다."

=마 26:27-30 〈예수님이 피흘심으로 죄사함의 언약의 피라 하심〉

또한 예수님께서 잔을 들어 감사 드리신 후 그것을 제자들에게 주시며 말씀하셨습니다. "너희 모두 이것을 마셔라 이것은 죄를 용서하기 위하여 많은 사람들을 위해 붓는 나의 피 곧 언약의 피이다. 내가 너희에게 말한다. 내가 아버지의 나라에서 너희와 함께 새롭게 마시는 그날까지 지금부터는 포도 열매로 빚은 것을 마시지 않을 것이다." 그들은 찬송을 부르고 감람산으로 올라갔습니다.

언약의 하나님 시 44:17

=**언약의 당사자(여호와 하나님과 하나님의 백성과의 언약)**
-창 17:4, 내가 너와 내 언약을 세우니 너는 열국의 아비가 될지라
-민 25:12, 내가 그에게 나의 평화의 언약을 주리니
-신 29:9, 사십 주야가 지난 후에 내게 돌판 곧 언약의 두 돌판 주시고
-시 105:8, 그 언약 곧 천대에 명하신 말씀을 영원히 기억 하셨으니
-렘 32:40, 내가 그들에게 복을 주기 위하여 그들을 떠나지 아니하리라 하는 영영한 언약을 그들에게 세우고

=**언약의 증거(자료)**
 -십계명의 돌 판으로(출 34:28)
-변하지 않는 소금으로(민 18:19)
-피를 세워 언약함(눅 22:20)
-예수님을 세워(히 7:22)
-예수님의 피로 세워서(히 9:20)
-피를 뿌려서(출 24:8)

=**언약을 지키고 따르자**
-스 10:3-, " … 우리 하나님과 언약을 세우고"
 (예 24:8, 대상 16:15, 대하 34:31, 시 103:18)
-갈 3:15, 사람의 예대로 말하노니 사람의 언약이라도 정한 후에는 아무나 폐하거나 더하거나 하지 못하느니라.
-갈 3:17, 하나님이 미리 정하신 언약을 사백 삼십년 후에 생긴 율법이 없이 하지 못하여 그 약속을 헛되게 하지 못하리라.

37. 만족의 하나님

♥ 고후 3:5, 우리가 무슨 일이든지 우리에게서 난 것같이 스스로 만족할 것이 아니니 우리의 만족은 오직 하나님으로부터 나느니라

♪ **목마른 자들아** 526장

1. 목마른 자들아 다 이리 오라 이곳에 좋은 샘 흐르도다
   힘쓰고 애씀이 없을지라도 이 샘에 오면 다 마시겠네
2. 이 샘에 솟는 물 강같이 흘러 온 천하 만국에 다 통하네
   빈부나 귀천에 분별이 없이 다 와서 쉬고 또 마시겠네
3. 생명수 샘물을 마신 자마다 목 다시 마르지 아니하고
   속에서 솟아나 생수가 되어 영원히 솟아 늘 풍성하리
4. 이 샘의 이름은 생명의 샘물 저 수정 빛같이 늘 맑도다
   어린양 보좌가 근원이 되어 생명수 샘이 늘 그치잖네

시 17:5, 나는 의로운 중에 주의 얼굴을 뵈오리니 깰 때에 주의 형상으로 만족하리이다.

시 104:28-29, 주께서 주신즉 그들이 받으며 주께서 손을 펴신즉 그들이 좋은 것으로 만족하다가 주께서 낯을 숨기신즉 그들이 떨고 주께서 그들의 호흡을 거두신즉 그들은 죽어 먼지로 돌아가나이다.

특히 영적인 만족에 넘치게 하시는 하나님

=삼하 7:18-26 〈다윗의 하나님께 감사와 만족의 기도〉

다윗 왕은 장막으로 들어가서 말했습니다.

"주 여호와여 제가 누구이기에 그리고 제 집안이 무엇이기에 그토록 위해 주십니까?

주 여호와여 주께서는 장차 제 집안에 말씀하신 것도 부족하여 인류의 대강령을 주셨습니까?

더 이상 무슨 말씀을 드리겠습니까? 주 여호와여 주께서는 주의 종인 저를 너무나 잘 아십니다.

주께서는 주의 기뻐하시는 데로 이 모든 큰일을 결정하시고 주의 종에게 알려주셨습니다.

여호와 하나님이시여 이처럼 주께서는 위대하십니다. 주님과 같으신 분은 없습니다. 주님 밖에는 다른 하나님이 없습니다.

우리는 이 모든 일을 우리 귀로 직접 들었습니다. 그리고 주님의 백성인 이스라엘과 같은 백성도 없습니다.

하나님께서 이 땅위에서 오직 한 백성을 구원하사 자기 백성을 삼으신 것은 이스라엘 뿐입니다.

하나님께서는 저희와 주의 땅을 위하여 놀라운 기적을 일으키셔서 주의 이름을 널리 알리셨습니다.

하나님께서는 애굽과 여러 나라들과 그 신들에게서부터 이 백성을 구해 주셨습니다."

모든 것을 보시고 들으시고 아시는 하나님,
우리의 어떤 일에도 만족을 주시는 하나님,
영광 받으십시오. 할렐루야!

만족의 하나님 고후 3:5

우리는 힘들어하며 괴로워하며 사는 삶이 아니라 정말 행복한 삶을 살아야 합니다. 살 수 있습니다. 왜 그렇습니까?

첫째, 우리에게는 우리를 만족케 하시는 하나님이 계십니다.

하나님을 바라보고 나가면 만족함을 얻을 수 있습니다.(시 146:3-4)
그런데도 우리는 사람을 보고 만족함을 얻으려 합니다.(전 5:10)
가져도, 가져도 족한 줄로 알지 못한다는 것입니다. 세상에 있는 그 어떤 것이 우리에게 만족함을 주지 못합니다.

우리에게 만족함을 주시는 분은 하나님이십니다. 우리를 만족케 하시는 이는 하나님이시라고 했습니다.(사 58:11)
하나님은 우리의 삶을 만족케 하십니다. 즉, 흡족하게 하게 하시고, 부족함을 채우사 차고 넘치게 하십니다.(렘 31:14)

만족한 자가 되기를 원하십니까? 그리하여 내가 어떠하던, 어떤 환경이던, 어떤 상황이던, 어떤 모습이던 그 속에서 행복하기를 원하십니까? 다른 방법이 없습니다. 만족케 하시는 하나님을 사모하십시오.
 -시 107:9, 저가 사모하는 영혼을 만족케 하시며 주린 영혼에게 좋은 것으로 채워주심이로다.

둘째, 하나님 한 분만으로 만족하는 자가 됩시다.

오늘날 사람들은 너나 할 것 없이 욕심이 얼마나 많은지 모릅니다.
갖고도 그것도 모자라 또 가지려 합니다.
그러다 보니 가져야 하는데 못 가지니 편할 리가 없습니다.
행복할리 없습니다.

그럼에도 하나 더 가지려고 얼마나 안간힘을 씁니까?

오늘날 우리가 왜 행복하지 못합니까?
하나님이 주신 것을 족하게 여기지 못하기 때문입니다.
갈 6:14, 그러나 내게는 우리 주 예수 그리스도의 십자가 외에 결코 자랑할 것이 없으니
십자가 외에 결코 자랑할 것이 없다는 말이 무슨 말이겠습니까?
그는 오직 주님 한 분 만으로 만족한다는 것입니다.
나를 구원하신 주님,
나의 생명이 되시는 주님,
나의 기쁨, 나의 소망이 되시는 주님,
세상의 그 모든 것을 잃는다 해도, 빼앗긴다 해도 그 주님 한 분만으로 만족한다는 것입니다.

38. 자유의 하나님

♥ 눅 4:18, 주의 성령이 내게 임하셨으니 이는 가난한 자에게 복음을 전하게 하시려고 내게 기름을 부으시고 나를 보내사 포로된 자에게 자유를 눈 먼자에게 다시 보게 함을 전파하며 눌린 자를 자유롭게 하고

♪ **죄에서 자유를 얻게 함은** 268장

1. 죄에서 자유를 얻게 함은 보혈의 능력 주의 보혈
   시험을 이기고 승리하니 참 놀라운 능력이로다
2. 육체의 정욕을 이길 힘은 보혈의 능력 주의 보혈
   정결한 마음을 얻게하니 참 놀라운 능력이로다
3. 눈보다 더 희게 맑히는 것 보혈의 능력 주의 보혈
   부정한 모든 것 맑히시니 참 놀라운 능력이로다
4. 구주의 복음을 전할 제목 보혈의 능력 주의 보혈
   날마다 나에게 찬송 주니 참 놀라운 능력이로다
후렴) 주의 보혈 능력있도다 주의 피 믿으오 주의
   보혈 그 어린양의 매우 귀중한 피로다

롬 8:21, 그 바라는 것은 피조물도 썩어짐의 종노릇 한데서 해방되어 하나님의 자녀들의 영광의 자유에 이르는 것이니라.

갈 5:1, 그리스도께서 우리를 자유롭게 하려고 자유를 주셨으니 그러므로 굳건하게 서서 다시는 종의 멍에를 메지 말라.

=출 21:1-6 〈율법에 종을 대우하는 법〉

너희가 히브리 종을 사면 그 종은 육년 동안 종살이를 할 것이며 칠 년째가 되면 너희는 몸값을 받지말고 그를 풀어 주어라. 만약 그 사람이 혼자 종으로 왔으면 혼자서 나가야 하고 결혼해서 아내와 함께 왔으면 아내와 함께 나가야 한다.

만약 종의 주인이 아내를 주어 그 아내가 아들이든 딸이든 자녀를 낳았으면 그 아내와 자녀는 주인의 것이 되고 종은 혼자서 떠나야 한다.

그러나 만약 그 종이 '나는 내 주인과 내 아내와 내 자녀를 사랑 합니다. 나는 자유의 몸이 되고싶지 않습니다'라고 말하면 주인은 재판장 앞으로 데리고 가거라. 또 주인은 종을 문이나 문설주로 데리고 가서 날카로운 연장으로 종의 귀에 구멍을 뚫으라.

=요 8:33-38 〈진리가 너희를 자유롭게 하리라 하신 예수님〉

유대인들이 예수님께 여쭈었습니다.

"우리는 아브라함의 자녀들입니다. 우리는 지금까지 아무에게도 종이 되어 본 적이 없습니다. 그런데 어떻게 당신은 우리가 자유롭게 될 것이라고 말합니까?"

예수님께서 대답하셨습니다.

"내가 너희에게 진리를 말한다. 죄를 짓는 사람마다 죄의 종이다. 그러나 아들은 영원히 가족의 한 사람이다. 그러므로 아들이 너희를 자유롭게 하면 너희는 참으로 자유로워질 것이다. 나는 너희가 아브라함의 자여 인것을 안다. 그러나 내 말이 너희 속에 없기 때문에 너희는 나를 죽이려 하고 있다. 나는 내 아버지와 함께 있을 때에 본 것을 너희에게 말하고 너희는 너희의 아버지에게서 들은 것을 행한다."

자유의 하나님 갈 5:1

1. 죽음에서 자유

제일 큰 문제는 죽음의 문제입니다. 이 세상에서 죽지 않는 사람은 한 사람도 없습니다. 죽음이라는 것은 육체와 영혼의 분리입니다. 그런데 영혼이라는 것, 이것이 어떻게 되는가? 성경에는 둘 중에 하나입니다. 영벌과 영생, 지옥과 천국으로 나눕니다.

2. 삶에서의 자유

삶의 문제입니다. 이 세상에 문제없이 사는 사람은 한 사람도 없습니다. 하나님을 믿는 사람들도 문제가 있습니다. 그런데 믿는 사람과 그렇지 않은 사람들은 다릅니다. 믿는 사람에게는 하나님이 계시지만 믿지 않는 사람들은 문제만 있습니다.

3. 내일에서 자유

또 하나의 문제를 생각해 보면 내일을 알아보는 것입니다. 내일 일을 아는 사람은 한 사람도 없습니다. 점쟁이도 모릅니다. 저에게 좋은 찬송 곡중에 하나는 '내일 일은 난 몰라요'입니다.

♪ 내일일은 난 몰라요. 하루하루 살아요. / 불행이나 요행함도 내 뜻대로 못해요. / 험한 이 길 가고가도 끝은 없고 곤해요. 주님예수 팔 내미사 내 손잡아주소서. 내일 일은 나몰라요 장래일도 몰라요. / 아버지여 날 붙드사 평탄한길 주옵소서

삶의 어려움 앞에서도 긍정적입니다. 하나님이 계시기 때문입니다. 내일 일에 대해서도 긍정적입니다. 그 이유는 이 세상은 하나님의 말씀대로 되기 때문입니다.

우리가 한 가지 기억할 것은 우리가 잘 살려고 해도, 다 될 것 같아도 되지 않는 것이 이 세상입니다. 그러나 우리의 죽음의 문제가 해결이 되고 삶의 문제가 해결이 되고 내일의 문제가 해결이 된다면 우리는 긍정적으로 희망적으로 살아갈 수 있습니다.

이 세상의 어느 누구도 이 문제를 해결 하실 분은 아무도 없습니다. 오직 예수 그리스도 안에만 있어야 합니다.

-또 성령 안에서만 온전한 자유와 온전한 구원과 해방이 있는 것입니다. 자유는 이 성령을 통하여 일어나는 세 가지 역사로 말미암아 굳게 지켜지는데,

① 믿음이 있을 때입니다. 5절

서로를 믿을 때는 자유함이 있으나 서로 의심하게 될 때에는 모든 것이 얼어붙기 시작합니다. 믿음만이 우리를 자유롭게 합니다. 믿음으로 병, 환난, 일, 하나님 약속, 서로 신뢰하므로 이 자유를 지켜야겠다. 그런데 이 믿음은 노력으로 자격으로 공로로 주어지는 것이 아니라 성령께서 선물로 주시는 것입니다.

② 소망이 있을 때 자유함이 있습니다.

"우리가 성령을 통하여 믿음을 쫓아 의의 소망을 기다리노니..,"

우리가 물질에 매이고 명예에 매이고 하는 것은 하늘나라에 대한 소망이 없기 때문입니다. 우리가 하늘나라 소망을 가지고 살 때 생은 양적으로 볼 것이 아니라 질적으로 보아집니다. 여기에 진정한 자유함이 있는 것입니다. 주님은 우리를 사랑함으로 목숨을 얻을 자유, 잃을 자유도..,

③ 사랑이 있을 때 자유함이 있습니다.

"그리스도 안에서 할례나 무할례가 효력이 없으되 사랑으로서 역사하는 믿음뿐이니라."

사랑이 있을 때 어려운 문제도 인내할 수 있습니다. 그러나 사랑이 식으면 잡음이 많아집니다. 비판도 많아지고 까다로운 것도 많아지며 복잡해집니다. 자유하려면 사랑해야 합니다. 미워하면 노예입니다. 사랑함

으로 자유인입니다. 받으면 노예입니다. 주어야 자유인입니다.
　매여서 하면 노예입니다. 자율적으로 행함으로 자유인이 됩니다. 다시는 물질에, 병에게, 욕망에, 시간에, 사람에게 매이지 마시기 바랍니다.
　성령 안에서 믿음과 소망과 사랑의 삶을 통하여 잃어버린 자유를 회복하시기를 주님의 이름으로 축원합니다.

=자유의 종류
- 레 25:10, 렘 34:8-9, 종에서의 자유
- 요 8:36, 갈 2:4, 그리스도 안에서의 자유
- 행 24:23, 포로에서의 자유
- 롬 7:1-4, 율법에서의 자유
- 고전 10:29, 양심의 자유

=영적인 자유를 제한하는 것
- 요 8:34 죄-"예수께서 대답하시되 진실로 진실로 너희에게 이르노니 죄를 범하는 자마다 죄의 종이라."
- 요 8:32,33,43, 말씀에 대한 무지
- 요 8:41,44, 사단
- 롬 7:1, 율법
- 엡 2:1, 사망

=그리스도인의 자유
- 요 8:34-36, 그리스도께서 죄에서 자유를 주심
- 갈 5:1, 그리스도께서 율법에서 자유를 주심
- 히 2:14-15, 사망의 세력에서 자유함을 얻음
- 고후 3:17, 성령의 임재하심으로 자유를 얻음 "주는 영이시니 주의 영이 계신 곳에는 자유가 있느니라."

=자유에 대한 그리스도인의 태도

갈 5:13, 자유로 육체의 기회를 삼으면 안 됨

-"형제들아 너희가 자유를 위하여 부르심을 입었으나 그러나 그 자유로 육체의 기회를 삼지 말고 오직 사랑으로 서로 종노릇하라."

-갈 5:1 율법의 멍에를 다시 매면 안 됨

-벧전 2:16, 자유로 악을 가리우는데 쓰면 안됨

-고전 10:29, 남의 자유를 섣불리 평가하면 안됨

-고전 8:9, 자유의 행사가 약한 자에게 거침이 되어서는 안됨

39. 미쁘신 하나님

♥ 고전 10:13, 사람이 감당할 시험밖에는 너희가 당한 것이 없나니 오직 하나님은 미쁘사 너희가 감당하지 못할 시험 당함을 허락하지 아니 하시고 시험당할 즈음에 또한 피할길을 내사 너희로 능히 감당하게 하시느니라

♪ 내 주 하나님 469장

1. 내 주 하나님 주만 따라가게 하소서
   어떠한 역경과 괴로운 일이 내 앞길을
   가로막아도 물리치고 가게 하소서 환난 풍파 슬픔 모두 이겨내고서
   나 언제나 이 길로만 가게 하소서
2. 내 주 예수님 바른 길을 비춰주소서
   무서운 유혹과 시험이 와서 내 앞길을
   어지렵혀도 찬송하며 가게 하소서 할렐루야 기뻐하고 감사하면서
   나 언제나 이 길로만 가게 하소서

롬 3:3, 어떤 자들이 믿지 아니하였으면 어찌 하리요. 그 믿지 아니함이 하나님의 미쁘심을 폐하겠느냐

히 10:22, 우리가 마음에 뿌림을 받아 악한 양심으로부터 벗어나고 몸은 맑은 물로 씻음을 받았으니 참 마음과 온전한 믿음으로 하나님께 나아가자. 또 약속하신 이는 미쁘시니 우리가 믿는 도리의 소망을 움직이지 말며 굳게 잡고

=창 18:1-15, <아브라함이 미쁘신 하나님께로 아들을 약속 받다>

여호와께서 마므레의 커다란 나무들 가까운 곳에서 나타나셨습니다. 그때 아브라함은 장막 문에 있었고 아브라함이 눈을 들어보니 세 사람이 가까이 서 있었습니다.

이를 보고 장막에서 달려 나와 땅에 엎드려 그들을 맞이했습니다. 아브라함이 말하기를 "내 주여 저를 좋게 여기신다면 주의 종 곁을 그냥 지나가지 마십시요 제가 여러분 모두의 발 씻을 물을 가지고 올 테니 발을 씻으신 뒤에 나무 아래에서 좀 쉬십시오.

제가 음식을 조금 가져 올테니 드시고 기운을 차리신 다음에 길을 떠나도록 하십시오."

허락 받고는 급히 장막으로 달려가 사라에게 말했습니다. 아브라함은 세 사람에게 송아지 요리와 버터와 우유를 대접했습니다.

그 때에 주께서 말씀하시기를 "내년 이 맘때에 내가 반드시 너를 찾아 올 것이다. 그때에는 네 아내 사라에게 아들이 생길 것이다."

그때 사라는 장막 문간에서 그 말을 들었습니다.

아브라함은 나이 많고 사라는 아기를 가질 수 없는 나이가 되었습니다. 사라는 속으로 웃으면서 어떻게 우리에게 그런 즐거운 일이 생길까? 하고 말했습니다.

그 때에 여호와께서 "사라가 왜 웃느냐 어찌 하여 늙었는데 아이를 낳을 수 있을까 하느냐? 나 여호와가 하지 못할 일이 어디에 있느냐? 내년 이맘때는 사라에게 아들이 생길 것이다."

사라는 두려워서 거짓말을 했습니다.

미쁘신 하나님 롬 3:3

히브리어: 에무나- 확고함, 상징적으로 '안전', 도덕적으로 '신실성', 믿음(신실한, 신실한 사람), 확립된 직무, 안정성, 꾸준한, 진실로, 참으로, 진실

빠타흐- 신임하다, 자신의 소망과 믿음을(하나님께) 두다, 안전하다, 두려움이 없다, 미쁘신

헬라어: 피스튜오- 참되다고 생각하다, 설복되다, 기대다

첫째, 믿음은 무엇인가?

1) 의지하는 것(믿는 것)
-시 22:8, 저가 여호와께 의탁하니 구원하심
-시 37:5, 너희 길을 여호와께 맡기라.
-잠 16:3, 너희 행사를 여호와께 맡겨라.
-요일 4:16, 하나님이 사랑하시는 사랑을 알고 믿었노니
2) 바라는 것들의 실상
-롬 4:18, 아브라함이 바랄 수 없는 중에 바라고 믿음
-골 1:23, 믿음에 거하고 ..... 복음의 소망에서
-히 10:23, 우리가 믿는 도리의 소망을 굳게 잡아
-히 11:1, 믿음은 바라는 것들의 실상
3) 자신을 살피고 믿음에 서는 것.
-롬 8:9, 누구든지 그리스도의 영이 없으면
-고전 10:12, 그런즉 선 줄로 생각하는 자는
-고전 11:28, 사람이 자기를 살피고 그 후에
-고후 13:5, 너희가 믿음에 있는가 자신을 시험하고

둘째, 믿는 믿음을 어떻게 믿을 것인가?

- 마 9:28, 예수님께서 능히 큰 일 행할 줄 아는 믿음
- 마 15:27, 끝까지 믿는 믿음
- 눅 5:5, 말씀을 의지하는 믿음
- 막 9:23, 믿음 안에서 큰 일을 행할 것을 믿는 것
- 약 5:15, 믿고 간절히 기도하는

40. 기쁨의 하나님

♥ 시 16:11, 주께서 생명의 길을 내게 보이시리니 주의 앞에는 충만한 기쁨이 있고 주의 오른쪽에는 영원한 즐거움이 있나이다

♪ 나의 기쁨 나의 소망되시며 95장

1. 나의 기쁨 나의 소망 되시며 나의 생명이 되신 주
   밤낮 불러서 찬송을 드려도 늘 아쉰 마음 뿐일세
2. 나의 사모하는 선한 목자는 어느 꽃다운 동산에
   양의 무리와 늘 함께 가셔서 기쁨을 함께 하실까
3. 길도 없이 거친 넓은 들에서 갈 길 못찾아 애쓰며
   이리저리로 헤매는 내 모양 저 원수 조롱 하도다
4. 주의 자비롭고 화평한 얼굴 모든 천사도 반기며
   주의 놀라운 진리의 말씀에 천지가 화답 하도다

시 100:2, 기쁨으로 여호와를 섬기며 노래하면서 그의 앞에 나아갈지어다.
잠 21:3, 공의와 정의를 행하는 것은 제사드리는 것보다 여호와께서 기쁘게 여기시느니라.

=창 41:14-40 〈요셉이 애굽의 총리가 되어 주님 기쁨이 됨〉

요셉이 바로의 부름을 받아 들어가니 바로가 말하길 "내가 꿈을 꾸었는데 해석할 사람이 없구나 그런데 너는 꿈을 해몽할수 있다는 말을 들었다. 요셉이 바로에게 말하기를 "저는 꿈을 해몽할 능력이 없으나 하나님께서 왕을 위해 해몽해주실 것입니다." 바로가 말하기를 "살진 일곱 소가 야윈 소에게 잡아 먹히고 또 어떤 가지에 이삭 일곱 개가 나 있는데 그 뒤 야윈 이삭이 나와 잡아 먹었다." 그 때에 요셉이 바로에게 말하다. "두 꿈의 뜻은 똑 같습니다. 7년 풍년 그후 7년 가뭄을 말하며 곧 일어날 일이며 하나님께서 이 일을 이루시기로 굳게 작정하신 것이며 바로께서는 매우 지혜롭고 현명한 자를 뽑으셔서 애굽땅을 맡기십시오. …"요셉의 말은 훌륭하였고 모든 신하들도 같은 생각이었습니다. 바로는 신하들에게 "요셉보다 이 일을 잘할 사람이 어디에 있겠느냐? 이 사람에게는 정말로 하나님의 영이 있도다." 라고 말했습니다. "나는 이 왕궁을 그대에게 맡긴다. 모든 백성들이 그대에게 복종할 것이다."

=눅 15:1-7 〈죄인 한 명이 회개한 기쁨〉

예수님의 비유 말씀입니다. "너희 중에 어느 사람이 양 100마리가 있는데 그 가운데 한 마리를 잃었다고 하자. 그러면 그는 99마리의 양을 들편에 남겨 두고 잃은 양을 찾을 때 까지 찾아다닐 것이 아니냐? 그리고 양을 찾으면 양을 어깨에 메고 기뻐할 것이다. 집으로 돌아오는 길에 친구들과 이웃을 불러 말할 것이다. '함께 기뻐하자 잃었던 양을 찾았다.' 내가 너희에게 말한다. 하늘에서는 회개할 필요없는 99명의 의인보다 회개하는 개인 한 명을 두고 더 기뻐할 것이다."

기쁨의 하나님 시 16:11

하나님의 자녀 된 우리도 기쁨을 닮자.

1. 성도가 기뻐할 것은 무엇인가?

- 전능자 하나님 때문에(욥 22:26), "이에 전능자가 기뻐하여 하나님께로 얼굴을 들 것이라."
- 하나님의 구원해 주심이(시 91:14), "하나님이 이르시되 그가 나를 사랑한즉 내가 그를 건지리라 그가 내 이름을 안즉 내가 그를 높이리라."
- 하나님의 보호하심이(시 63:7)
- 하나님의 말씀이(렘 15:16)
- 주의 인자하심이(시 31:7)
- 하나님의 은혜를(대하 6:41)
- 하나님께 물질을 드리는 것이(대상 29:9)
- 예수님을 영접하는 것이(요 6:21)
- 진리를(고전 13:6)
- 영적 보화를 발견함(마 13:44)
- 영혼을 위하여 재물을 허비하는(고후 12:15)
- 생명책에 이름이 기록된 것을(눅 10:20)

2. 기쁨을 소유하는 법

- 소망을 하나님께 둠으로써(시 78:7), "그들로 그들의 소망을 하나님께 두며 하나님께서 행하신 일을 잊지아니하고 오직 그의 계명을 지켜서"
- 주의 이름을 부름으로(시 89:16)
- 여호와를 인하여(합 3:18)
- 성경을 읽으므로(행 15:31)
- 주 안에 있으므로(빌 4:4)

- 내세의 소망이 있으므로(벧전 1:6)

3. 예수님의 기쁨

- 그의 양에 대한 목자의 기쁨(눅 15:5, 7), "또 찾아낸즉 즐거워 어깨에 매고, … 회개하면 의인 아흔 아홉으로 말미암아 기뻐하는 것보다 더 하리라."
- 은전에 대한 찾는 자의 기쁨(눅 15:9)
- 탕자에 대한 아버지의 기쁨(눅 15:24)
- 보화에 대한 구매자의 기쁨(마 13:44)
- 깨끗하게 된 자에 대한 치료자의 기쁨(렘 33:9)
- 그의 작품에 대한 창조자의 기쁨(시 104:31)
- 곡식단들에 대한 씨 뿌리는 자의 기쁨(시 126:6)
- 현명한 아이에 대한 아버지의기쁨(잠 23:24,17:21)
- 제자들에 대한 주인의 기쁨(요 15:11)
- 신부에 대한 신랑의 기쁨(사 62:5)
- 너희는 너희의 여호와의 기쁨에 들어가라.(마 25:21)

4. 희락-성령의 둘째 열매

- 거둠의 기쁨(요 4:36), "거두는 자가 그 삯을 받고 영생에 이르는 열매를 모으나니 이는 뿌리는 자와 거두는 자가 함께 즐거워하게 하려 함이라."
- 너희 이름이 하늘에 기록된 것으로 기뻐하라.(눅 10:20), "귀신들이 너희에게 항복하는 것으로 기뻐하지 말고 너희 이름이 하늘에 기록된 것으로 기뻐하라 하시니라."
- 사람이 너희를 핍박할 때 기뻐하라.(눅 6:22-23)
- 회개한 죄인에 대한 하늘의 기쁨(눅 15:6-7)
- 아브라함의 기쁨(요 8:56)
- 주인의 즐거움에 참예함(마 25:21)

41. 용서의 하나님 / 사(赦)함, 속(贖)함

> ♥ 시 65:3, 죄악이 나를 이겼사오니 우리의 허물을 주께서 사하시리이다

♪ **구주의 십자가 보혈로** 250장

1. 구주의 십자가 보혈로 죄 씻음 받기를 원하네
   내 죄를 씻으신 주 이름 찬송합시다
2. 죄악을 속하여 주신 주 내 속에 들어와 계시네
   십자가 앞에서 주 이름 찬송합시다
3. 주 앞에 흐르는 생명수 날 씻어 정하게 하시네
   내 기쁜 정성을 다하여 찬송합시다
4. 내 주께 회개한 영혼은 생명수 가운데 젖었네
   흠 없고 순전한 주 이름 찬송합시다

후렴) 찬송합시다 찬송합시다
   내 죄를 씻으신 주 이름 찬송합시다

시32:1, 허물의 사함을 받고 자신의 죄가 가려진 자는 복이 있도다
막 2:10, 인자가 땅에서 죄를 사하는 권세가 있는 줄을 알게 하려 하노라 하시고
엡 4:32, 서로 친절하게 하며 불쌍히 여기며 서로 용서하기를 하나님이 그리스도 안에서 너희를 용서하심과 같이 하라.

=막 2:1-12 〈중풍병자의 죄를 사하시다〉

예수님께서 가버나움에 돌아 오셔서 집에 계셨습니다. 소문이 퍼지므로 많은 사람이 가득 차 이에 그들에게 말씀하셨습니다.

네 명의 사람들이 중풍병 환자를 데리고 왔습니다. 이들은 사람들 때문에 들어갈 수가 없어서 그 곳의 지붕을 뜯어내어 거기로 환자의 침상을 아래로 내렸습니다.

예수님께서 이 사람들의 믿음을 보시고 중풍병 환자에게 말씀하셨습니다. "아들아 네 죄가 용서 되었다."

마침 거기에 율법학자 몇 명이 앉아 있었는데 마음속으로 생각했습니다.

'어떻게 이 사람이 저런 말을 하는가? 하나님을 모독하고 있구나 하나님 외에 누가 죄를 용서할 수 있다는 말인가?'

예수님께서는 이 율법학자들이 속으로 생각하는 것을 곧 영으로 아셨습니다.

그래서 그들에게 말씀하셨습니다.

"어째서 너희가 마음속으로 그런 생각을 하고 있느냐? 이 중풍병 환자에게 '네 죄가 용서 되었다'라고 말하는 것과 '일어나서 침상을 가지고 걸어라' 하고 말하는 것 중에 어느 것이 쉽겠느냐? 그러나 인자가 세상에서 죄를 용서할 수 있는 권세가 있다는 것을 보여 주려고 그랬다."

용서의 하나님 엡 4:32

용서의 하나님을 본받아 너그럽게 용서하는 자가 됩시다.

1. 어떤 것을 용서하나

-창 50:17, 허물을 용서함
-마 6:14, 사람의 과실을
-막 11:25, 혐의를 용서
-고후 2:10, 무슨 일에나
-고후 12:13, 공평하지 못한 것

2. 용서할 이유는?

-마 22:39, 하나님의 계명이니
-눅 6:37, 우리가 용서 받기 때문에
-눅 23:43, 예수님이 본을 보여 주셨으니
-롬 12:20-21, 악에서 이기기 때문에
-엡 4:32, 하나님이 먼저 사랑했기 때문에

3. 어떻게 하는가?

-마 18:22, 일흔 번씩 일곱 번이라도
-눅 17:3, 회개하면 용서하라
-고후 2:7, 위로하여 주므로
-골 3:13, 주님이 용서하신 것처럼